Kay Weißflog
Ester

Biblische Gestalten

Herausgegeben von
Christfried Böttrich und Rüdiger Lux

Band 34

EVANGELISCHE VERLAGSANSTALT
Leipzig

Kay Weißflog

Ester

Eine jüdische Königin rettet ihr Volk

EVANGELISCHE VERLAGSANSTALT
Leipzig

Kay Weißflog, Dr. theol., Jahrgang 1977, studierte von 1996 bis 2003 Theologie in Leipzig. Nach Promotion und Vikariat in der Oberlausitz war er Studieninspektor am Evangelischen Konvikt in Halle (Saale) und wissenschaftlicher Mitarbeiter an der Theologischen Fakultät der Martin-Luther-Universität Halle-Wittenberg. Seit 2018 ist Kay Weißflog Pfarrer in Bautzen. Daneben wirkt er u. a. als Dozent für Altes Testament beim Kirchlichen Fernunterricht KFU und als Autor bei den Göttinger Predigtmeditationen.

Bibliographische Information der Deutschen Nationalbibliothek
Die Deutsche Nationalbibliothek verzeichnet diese Publikation in der Deutschen Nationalbibliographie; detaillierte bibliographische Daten sind im Internet über http://dnb.dnb.de abrufbar.

© 2024 by Evangelische Verlagsanstalt GmbH · Leipzig
Printed in Germany

Das Werk einschließlich aller seiner Teile ist urheberrechtlich geschützt. Jede Verwertung außerhalb der Grenzen des Urheberrechtsgesetzes ist ohne Zustimmung des Verlags unzulässig und strafbar. Das gilt insbesondere für Vervielfältigungen, Übersetzungen, Mikroverfilmungen und die Einspeicherung und Verarbeitung in elektronischen Systemen.

Das Buch wurde auf alterungsbeständigem Papier gedruckt.

Cover: Friedrich Lux, Halle/Saale
Satz: Steffi Glauche, Leipzig
Druck und Binden: BELTZ Grafische Betriebe GmbH,
Bad Langensalza

ISBN 978-3-374-07517-1
eISBN (PDF) 978-3-374-07518-8 // eISBN (EPUB) 978-3-374-07432-7

www.eva-leipzig.de

Gunda Schneider-Flume (1941–2024)

VORWORT

Das diesjährige Purimfest am 23./24. März stand unter dem Eindruck des mörderischen Angriffs der Hamas auf Israel am 7. Oktober 2023. In manchen jüdischen Gemeinden wurden die Feierlichkeiten deshalb abgesagt. Statt ausgelassener Freude herrschen Entsetzen, Trauer und Angst. Auch hierzulande fühlen Jüdinnen und Juden sich nicht sicher.

Damit sind wir schon mittendrin in dem Thema, mit dem sich das biblische Buch Ester, das Buch zum Purimfest, beschäftigt. Vor dem Hintergrund einer geradezu märchenhaften orientalischen Kulisse erzählt es, wie das jüdische Volk im persischen Weltreich aus dem Nichts heraus in existenzielle Gefahr gerät. Judenfeindschaft und Antisemitismus reichen erschreckend weit in die Geschichte zurück. Der von Haman, dem Vizekönig, geplante Genozid kann jedoch abgewendet werden, und die Juden verteidigen sich erfolgreich gegen die Angreifer. Ester ist der Inbegriff für die Rettung der zu Unrecht verfolgten und bedrohten jüdischen Minderheit.

Der vorliegende Band in der Reihe Biblische Gestalten versteht sich als Einführung in das Buch Ester und seine Wirkungsgeschichte. Wer sich näher damit beschäftigt, stößt auf eine Vielzahl an interessanten Details, auf die hier nicht in aller Ausführlichkeit eingegangen werden kann. Viele Fragen zu Herkunft und Entstehung des Ester-Buches sind nach wie vor unbeantwortet. Insbesondere das Vorhandensein mehrerer unterschiedlicher Fassungen gibt noch immer Rätsel auf.

Im Judentum spielt diese biblische Schrift bis heute eine herausragende Rolle. Aber auch in der christlichen

Tradition ist sie keineswegs nur auf Ablehnung und Kritik gestoßen, auch wenn es hier zeitweise große Vorbehalte gab. Was ihre Bekanntheit über religiöse jüdische Kreise hinaus angeht, herrscht gleichwohl noch erheblicher Nachholbedarf. Wenn dazu im Rahmen dieser Buchreihe ein Beitrag geleistet werden kann, ist ein wesentliches Ziel erreicht.

Herrn Prof. em. Rüdiger Lux danke ich an dieser Stelle sehr herzlich für die Übertragung dieser ehrenvollen Aufgabe. Gern erinnere ich mich an unsere erste gemeinsame Beschäftigung mit dem Buch Ester und seiner Rezeption während eines Blockseminars in Münster im Jahr 2001. Seither hat sich auf dem Gebiet der Forschung zu diesem Thema einiges getan. Manches davon ist in die folgende Darstellung eingeflossen, anderes muss spezielleren Publikationen vorbehalten bleiben. Ein besonderer Dank gilt auch der Evangelischen Verlagsanstalt und Frau Dr. Annette Weidhas für die Geduld bei der Erstellung des Manuskriptes. Widmen möchte ich diesen Band dem Andenken an die langjährige Leipziger Theologin Gunda Schneider-Flume (1941–2024). Durch sie hat das Unternehmen Biblische Theologie wesentliche Impulse erfahren.

Bautzen, im Mai 2024

INHALT

A. Einführung 13

  1. Ester – eine vergessene oder verdrängte biblische Figur? 13

  2. Purim – mehr als »jüdischer Karneval« 14

  3. Gewalt und Antisemitismus 17

  4. Das Buch Ester aus feministischer Sicht 21

  5. Das persische Weltreich 23

  6. Das persische Weltreich und das Buch Ester .. 25

  7. Diasporaerzählung 30

  8. Gott im Buch Ester 33

  9. Herkunft und Entstehung des Ester-Buches .. 37

  10. Kein Ester-Buch wie das andere 40

B. Darstellung 46

  1. Die Gliederung der Erzählung 46

  2. Die Zeitstruktur im Buch Ester 52

  3. Das Raumkonzept im Buch Ester 56

  4. Durchgang durch den Text 61
  4.1. Ester wird Königin (Est 1,1–2,23) 62
    4.1.1. Drei Gastmähler und am Ende keine Königin mehr (Est 1,1–22) 62
      a) Drei Gastmähler (Est 1,1–9) 62

    b) Waschtis Weigerung und Konsequenzen
    (Est 1,10–22) 66
  4.1.2. Die Jüdin Ester wird Königin,
    gibt aber ihre wahre Identität nicht
    preis (Est 2,1–20) 70
    a) Königin gesucht (Est 2,1–4) 71
    b) Die jüdischen Protagonisten
    (Est 2,5–7) 71
    c) Esters Aufstieg (Est 2,8–20) 74
  4.1.3. Mordechai und Ester beweisen
    ihre Loyalität gegenüber dem
    König (Est 2,21–23) 79
4.2. Haman plant die Vernichtung der Juden
  (Est 3,1–4,17) 81
  4.2.1. Haman wird Vizekönig, aber
    Mordechai versagt ihm die
    Ehrerbietung (Est 3,1–4) 81
  4.2.2. Haman beschließt die Vernichtung
    der Juden und bekommt die
    Erlaubnis des Königs
    (Est 3,5–15) 85
  4.2.3. Mordechais und Esters Reaktion(en)
    (Est 4,1–17) 93
4.3. Hamans vermeintlicher Sieg und seine
  Niederlage (Est 5,1–7,10) 100
  4.3.1. Esters doppelte Einladung
    (Est 5,1–8) 100
  4.3.2. Hamans Reaktion (Est 5,9–14) 103
  4.3.3. Haman muss Mordechai ehren
    (Est 6,1–14) 106
  4.3.4. Esters Gastmahl und Hamans Tod
    (Est 7,1–10) 109
4.4. Die Rettung der Juden im persischen
  Reich und das Purimfest (Est 8,1–10,3) 113

4.4.1. Mordechai wird geehrt, und Ester erwirkt einen Gegenerlass vom König zugunsten ihres Volkes (Est 8,1–17) 113
4.4.2. Der Tag des Unheils für die Juden wird zum Tag des Heils (Est 9,1–19) .. 122
4.4.3. Das Purimfest (Est 9,20–32) 130
4.4.4. Des Königs Steuer und Mordechais Andenken (Est 10,1–3) 135

C. Wirkung 138

1. Ester in der jüdischen Tradition 138
1.1. Frühe Zeugnisse 139
   1.1.1. Das Buch Ester in der Septuaginta ... 140
   1.1.2. Ester in der Geschichtsschreibung des Flavius Josephus 142
1.2. Dura Europos 148
1.3. Jüdische Traditionsliteratur 153
   1.3.1. Ester im Traktat Megilla 153
   1.3.2. Ester in Targumim und Midraschim 156
1.4. Jüdische Stimmen zum Buch Ester im 20. Jh. 164

2. Schattendasein: Ester im Christentum 167
2.1. Ester als Vorbild: Clemens von Rom und Clemens von Alexandrien 168
2.2. Ester ist die Kirche: Hrabanus Maurus 170
2.3. Abwertung: Martin Luther 172
2.4. Neubesinnung 175

3. Das Buch Ester und die Kunst 177
3.1. Malerei und Buchkunst 177

3.2. Literatur 185
3.3. Musik 191
3.4. Film 192

D. Verzeichnisse 195

  1. Literatur 195

  2. Abbildungen 202

A. EINFÜHRUNG

1. Ester – eine vergessene oder verdrängte biblische Figur?

Wer den Namen Ester hört oder liest, denkt höchstwahrscheinlich nicht zuerst an die jüdische Frau, die in dem nach ihr benannten Buch in der Bibel die Hauptrolle spielt. Obwohl sich ihr Name einiger Beliebtheit erfreut und manche durchaus prominente Persönlichkeit so heißt, hat das Buch außerhalb der wissenschaftlichen Beschäftigung damit und über den religiösen jüdischen Kontext hinaus gegenwärtig so gut wie keine Bedeutung.[1] Die drohende Auslöschung des jüdischen Volkes und seine Rettung, die es thematisiert, scheinen ein zu spezielles und auch heikles Thema zu sein. Dabei ist es noch gar nicht so lange her, dass jüdischen Frauen, Männern und Kindern – dem jüdischen Volk insgesamt – tatsächlich das Existenzrecht abgesprochen wurde. Nicht vor mehr als zwei Jahrtausenden im fernen persischen Weltreich, wo man so etwas später für möglich hielt, sondern erst vor ein paar Jahrzehnten und hier bei uns. Im Buch Ester werden die Vernichtungspläne aufgedeckt und vereitelt. Die Betroffenen dürfen und können sich erfolgreich zur Wehr setzen.

---

1 Die 2018 in Kraft getretene neue Ordnung der gottesdienstlichen Lesungen und Predigttexte im Raum der Evangelischen Kirche in Deutschland (EKD) enthält keinen Text aus dem Buch Ester. Die Vorschläge der Konferenz Landeskirchlicher Arbeitskreise Christen und Juden (KLAK) blieben unberücksichtigt. Vorgesehen waren Est 4 für den Sonntag Estomihi und Est 9,20–31 für den Sonntag Lätare. Vgl. Konferenz Landeskirchlicher Arbeitskreise Christen und Juden (KLAK), Ganze Bibel, 27.32.87.

Für die sechs Millionen von den Nationalsozialisten ermordeten Juden dagegen gab es keine Hilfe. Belastet die Schoa und das Wissen um die Schuld bewusst oder unbewusst die Lektüre des Buches Ester? Ist das Thema nach wie vor ein »heißes Eisen«? Muss befürchtet werden, dass seine unreflektierte Lektüre antisemitische Ressentiments fördert, wenn es den Judenfeind Haman einschlägige Behauptungen aussprechen lässt (Est 3,8) und beschreibt, wie am Ende Juden ihre Gegner umbringen (vgl. Est 9)? Oder ist das Buch Ester deshalb aus dem Blickfeld geraten, weil es an keiner Stelle explizit von Gott spricht und es in ihm scheinbar sehr »weltlich« zugeht?

Im Judentum spielt Ester dagegen eine weitaus größere und bedeutendere Rolle. Das hängt nicht zuletzt mit dem Fest »Purim« zusammen, das schon relativ früh zum jüdischen Kalender gehört und jährlich am 14./15. Adar (Februar/März) begangen wird. Es weist eine gewisse Ähnlichkeit mit dem Karneval in der christlichen Tradition auf, ist aber viel älter und hat einen vollkommen anderen Hintergrund. Aufgrund der im Lauf der Geschichte immer wieder bedrohten Existenz jüdischen Lebens ist die Rettung, die das Buch Ester und das Purimfest thematisieren, im Judentum bis heute von ungebrochener Relevanz.

2. Purim – mehr als »jüdischer Karneval«

Das Purimfest und das Buch Ester sind eng miteinander verbunden. Das Buch Ester präsentiert sich als Ätiologie, als Gründungssage des Purimfestes. Es erklärt seinen Namen, beschreibt den Inhalt und den Gegenstand des Festes und enthält Anweisungen, wann und wo es wie und von wem zu feiern ist. Neben den

Büchern Rut, Kohelet (»Prediger«), Hoheslied und Klagelieder gehört das Buch Ester zur Gruppe der fünf »Megillot« im dritten Teil des Tanach, des jüdischen Kanons. Megillot sind die »Schriftrollen«, deren Text an dem Festtag, dem sie jeweils zugeordnet sind, im Gottesdienst in der Synagoge vorgetragen wird. Bei Ester ist es das Purimfest.

Wie kaum ein anderes jüdisches Fest zeichnet sich Purim durch eine ausgelassene Fröhlichkeit aus.[2] Nachdem am Vortag gefastet wird (entsprechend dem Fasten Esters und der Juden von Susa in Est 4,16; vgl. 9,31), ist danach der Genuss von Alkohol ausdrücklich erlaubt, ja sogar geboten – so lange, heißt es im Talmud,[3] bis man nicht mehr zwischen den Aussprüchen »Verflucht sei Haman!« und »Gesegnet sei Mordechai!« unterscheiden könne. Es gibt verschiedenes Gebäck, das wahlweise an Ester oder an den Judenfeind Haman erinnert. Man macht sich gegenseitig Geschenke (vgl. Est 9,19.22). Und entsprechend der Bestimmung in Est 9,22 sollen auch die Armen durch Lebensmittel- oder Geldspenden in die Lage versetzt werden, sich zu freuen und zu feiern. Später entwickelte sich das Verkleiden zu einem üblichen Brauch, weil auch im Buch Ester das Motiv des Kleiderwechsels und des Rollentauschs vorkommt. Und immer wenn beim Vortragen der Geschichte von Ester und darüber hinaus der Name Haman fällt, soll durch lauten Lärm sein Andenken gestört und ausgelöscht werden.

---

2 Zum Brauchtum des Purimfestes vgl. Gal-Ed, Jahresfeste, 191f.202–204.
3 Babylonischer Talmud, Traktat Megilla, 7b.

Abb. 1: Purim-Feier, colorierte Zeichnung aus dem 19. Jh. Der aramäische Text »Ad delā jeda« (»Bis man nicht mehr weiß.«) bezieht sich auf das Gebot im Talmud, am Purimfest so viel Alkohol zu trinken, bis man nicht mehr zwischen den Aussprüchen »Verflucht sei Haman!« und »Gesegnet sei Mordechai!« unterscheiden könne.

Im Prinzip handelt es sich bei dem Purimfest um eine Art Siegesfeier. Das Buch Ester setzt jedoch bereits eine ältere Festtradition voraus, die erst nachträglich mit der Erzählung verbunden worden ist.[4] Herkunft und ursprüngliche Praxis des Purimfestes liegen weitgehend im Dunkeln und konnten trotz vieler Versuche bisher nicht geklärt werden. Sowohl babylonische als auch persische, griechische oder genuin israelitische Wurzeln stehen zur Debatte.[5] Ein wesentlicher Kern scheint die Schicksalsbestimmung durch das Los zu sein, wie sie v. a. im Zusammenhang mit dem babylonischen Neujahrsfest belegt ist.[6] Tatsächlich findet Hamans Loswurf (Est 3,7) ja zu Beginn des Jahres statt (1. Monat) und ergibt ein Datum am Ende des Jahres (12. Monat). Im Hintergrund seiner gegenwärtigen Präsentation als Fest zur Erinnerung an die Rettung der

---

4 Vgl. Meinhold, Esther, 13 f. Siehe dazu auch S. 38–40.
5 Siehe dazu Ego, Ester, 410 f.
6 Vgl. Ego, Ester, 216 f.411.

Juden im persischen Reich dürften die Auseinandersetzungen der Makkabäer mit den griechischen Machthabern und ihr Kampf um die religiöse und politische Autonomie im 2. Jh. v. Chr. stehen. Die Aufnahme und Weiterentwicklung älterer Purim-Traditionen aus neubabylonischer oder persischer Zeit ist dabei nicht ausgeschlossen, auch wenn zu deren Art und Charakter kaum Aussagen getroffen werden können.

3. Gewalt und Antisemitismus

Gewaltausübung begegnet in vielen biblischen Texten, gerade des Alten Testaments, der Hebräischen Bibel. Sowohl Gewalt, die sich gegen Israeliten/Judäer/Juden richtet, als auch Gewalt, die von Israeliten/Judäern/Juden ausgeht und ihre »Gegner« und »Feinde« trifft. Das Buch Ester bildet da keine Ausnahme. Die Frage des verantwortlichen Umgangs mit diesen Texten stellt sich in jedem Fall gleichermaßen, wobei eine vorschnelle moralische Bewertung und Abgrenzung die selbstkritische Auseinandersetzung auch mit dem eigenen Gewaltpotenzial eher verhindert als fördert. Möglicherweise sind die Texte der Bibel in dieser Beziehung nur der Spiegel, der uns als Leserinnen und Lesern vorgehalten wird. Andererseits darf nicht vergessen werden, dass Gewalt nicht nur in biblischen Texten vorkommt, sondern eine reale alltägliche Erfahrung vieler Menschen ist. Wie sich Gewalt ohne Gewaltanwendung wirksam eindämmen lässt und dabei nicht gleichzeitig weiteres oder neues Leid und Unheil entsteht, ist eine nach wie vor offene und auch aktuelle Frage.[7]

---

[7] Vgl. Wacker, Tödliche Gewalt, 630 f., die in diesem Zusammen-

Im Hinblick auf das Buch Ester scheint sich diese Problematik noch einmal zu verschärfen. Denn hier ist zum ersten Mal der Gedanke einer totalen Vernichtung und Auslöschung des jüdischen Volkes greifbar, der mit der Andersartigkeit ihrer Gesetze, ihrer angeblichen Absonderung und einer unterstellten Feindschaft gegenüber dem Staat begründet wird.[8] »Genozid« ist der richtige Begriff dafür.[9] In der Geschichte der Gewalt gegen Israeliten/Judäer/Juden bedeutet das eine vollkommen neue Qualität, die bereits vieles von dem vorwegnimmt, was als Judenhass und Antisemitismus gilt und bis heute eine existenzielle Bedrohung für jüdische Menschen darstellt. Außerhalb des Buches Ester (vgl. Est 3,8) ist eine extrem antijüdische Polemik quellenmäßig erstmals in den Texten des Hekataios von Abdera und seines Zeitgenossen Manetho im 3. Jh. v. Chr. belegt. Sie wird später in Werken griechischer und römischer Autoren weitertradiert. Andersartigkeit, Staatsfeindlichkeit und Menschenverachtung gehören zum gängigen Repertoire dessen, was Juden unterstellt wird.[10]

Aber auch die Rettung der Juden im Buch Ester und insbesondere die Schilderungen in Est 9 werfen Fragen auf. Auf den ersten Blick geschieht hier nicht mehr als eine schlichte Umkehr der Rollen: Die Opfer werden nun ihrerseits zu Tätern, die sich den Vernichtungsbefehl Hamans (»vernichten, umbringen, ausrotten«) zu eigen machen und ihn nun auf ihre Gegner anwenden. Angesichts der hohen Zahl der Getöteten

---

hang auf eine Auslegung des Buches Ester durch den Journalisten Hannes Stein verweist.
8   Ego, Ester, 3f.
9   Vgl. Achenbach, Genocide, 90–94.
10 Vgl. dazu Ego, Ester, 201f.

stellt Est 9 eine enorme theologische und hermeneutische Herausforderung dar.

Sowohl von Seiten der jüdischen Theologie und Exegese als auch von Seiten der christlichen sind – teilweise im Dialog miteinander – verschiedene Wege des Umgangs mit der Gewaltproblematik im Buch Ester beschritten worden.[11] Dazu gehört zu allererst die sorgfältige und genaue Lektüre des hebräischen Textes. Sie hat zur Entdeckung einer ganzen Reihe von erzählerischen Details geführt, die insbesondere in Est 8f. eine Begrenzung der Gewalt zum Ausdruck bringen. Und zu der wichtigen Erkenntnis, dass das Buch Ester »mit den literarischen Mitteln der Parodie, der Satire, der Karikatur, der Ironie bis hin zur Groteske«[12] arbeitet. Die bewusste Überzeichnung des erzählten Geschehens muss also bei der Lektüre immer mit einkalkuliert und berücksichtigt werden. Bis dahin, dass das Buch seine Leserinnen und Leser zu einem ironisch-selbstkritischen Nachdenken über ihre eigenen Feindbilder anregt und sie bewegt, daraus andere Schlüsse zu ziehen als die Protagonisten der Erzählung.[13]

Als fiktiver Text beschreibt das Buch Ester keine historischen Ereignisse, auch wenn es natürlich den Eindruck erwecken will, von geschichtlichen Ereignissen zu erzählen. Es wurde und wird seitens der jüdischen Auslegung auch nicht als Aufruf zur Gewalt verstanden. Die tatsächlichen Macht- und Herrschaftsverhältnisse waren andere. Der kontrafaktische Charakter der Erzählung, bei der es sich um eine Gegengeschichte

---

11 Vgl. dazu Wacker, Tödliche Gewalt, und dies., Widerstand.
12 Wacker, Tödliche Gewalt, 620.
13 Wacker, Tödliche Gewalt, 633–635, unter Verweis auf die Arbeiten von Stan Goldman.

aus der Sicht von Besiegten und Unterdrückten handelt, darf beim Umgang mit ihr nicht aus dem Blick geraten.[14]

Vor allem aber muss an dieser Stelle die Charakterisierung des persischen Staatsapparates berücksichtigt werden. Der Erzähler konfrontiert seine jüdischen Protagonisten mit einer verantwortungslosen und selbstsüchtigen Führungselite, die mit falschen Behauptungen gegen die eigene Bevölkerung vorgeht und nicht in der Lage ist, sie wirksam vor Angriffen zu schützen. König und Vizekönig ordnen einen Genozid an den Juden an. Und selbst als dieser Plan als Unrecht erkannt wird, bleibt der entsprechende Erlass in Kraft. Er kann nur dadurch abgemildert werden, dass den Juden erlaubt wird, sich gegen feindliche Angriffe zur Wehr zu setzen. (Hätten sie das sonst nicht tun dürfen?) Die Zahl der Opfer auf der Seite der Nicht-Juden ist in der Erzählung ein erschreckender Beleg dafür, wie viele von ihnen am Ende doch Hamans Vernichtungswillen geteilt haben. Das Buch Ester handelt von dem extremen Fall, dass es eine für das jüdische Volk insgesamt lebensbedrohliche Judenfeindschaft gibt, der nicht anders Einhalt zu gebieten ist als durch den Tod derer, von denen sie ausgeht.

---

14 Vgl. Wacker, Tödliche Gewalt, 619.

4. Das Buch Ester
aus feministischer Sicht

Eine der Hauptfiguren des Buches Ester ist eine Frau. Sie wird die Gemahlin des persischen Königs, nachdem sich die bisherige Königin Waschti seinem Befehl widersetzt hatte und verstoßen worden war. Ester, eine Jüdin, erfährt von der drohenden Vernichtung ihres Volkes, die Haman beim König erwirkt und per Dekret kundgetan hat. Es gelingt ihr, diese Pläne zu vereiteln und das jüdische Volk zu retten.

Feministisch geprägte Betrachtungsweisen des Buches Ester und seiner zentralen Figur widmen sich besonders den Machtstrukturen im Verhältnis von Männern und Frauen, die in der Erzählung zutage treten und an denen sie selbst auch Anteil hat.[15] Dabei wird in der Regel das Verhalten der Königin Waschti positiv hervorgehoben. Sie lässt sich vom König nicht vor den anderen Männern zur Schau stellen und durchbricht so das patriarchale Machtgefüge, das anschließend umso nachdrücklicher gesichert werden muss (Est 1,10–22). Obgleich auch an dieser Stelle eine deutliche ironische Überzeichnung vorliegt, unterscheidet sich die Haltung des Textes gegenüber dem Erzählten kaum von dem Rollenverständnis, das hier zum Ausdruck kommt und vorausgesetzt wird.

Differenzierter fällt deshalb die Charakterisierung der Figuration Esters aus.[16] Das Rollenbild, das sie verkörpert, ist äußerst ambivalent. Auf der einen Seite erscheint

---

15 Besonders zur jüdisch-feministischen Auslegung des Buches Ester vgl. Kaiser, Esters Handlungsmacht.
16 Vgl. dazu Kaiser, Esters Handlungsmacht, sowie Niditch, Interpretation, die verschiedene feministische Lesarten des Buches Ester beschreibt.

Ester als fremdbestimmtes Objekt männlicher Vorstellungen und Handlungen. Das zeigt sich sowohl an dem sexuell konnotierten Motiv der Schönheit, mit dem sie beschrieben wird, als auch im Verhältnis zu männlichen Charakteren: Ester wird in die Obhut des Eunuchen gegeben, sie unterliegt der Restriktion und der Verfügungsgewalt des Königs, sie ist und bleibt zurückgebunden an die Person Mordechais, der ihr Handlungsanweisungen gibt und am Ende der Geehrte ist. Und sie ist die jüdische Frau eines nicht jüdischen Herrschers, die ihre wahre Identität nicht preisgeben darf und um ihre Existenz fürchten muss, obwohl sie Königin ist.

Andererseits schildert das Buch Ester, wie seine weibliche Protagonistin vorhandene Grenzziehungen, die anhand einer Geschlechterdifferenz definiert sind (die räumliche Trennung von Frauen und Männern, das Verbot des unverlangten Erscheinens vor dem König), bewusst überschreitet. Trotz eingeschränkter Möglichkeiten aufgrund der herrschenden sexistischen Machtstrukturen tritt Ester aus ihrer anfänglichen Passivität heraus und handelt aktiv zugunsten der Frauen, Männer und Kinder ihres Volkes, die keine Stimme haben. Auf diese Ermächtigung und Emanzipation Esters machen feministisch orientierte Zugänge zum Buch Ester aufmerksam.

5. Das persische Weltreich

Das Ester-Buch versetzt uns in die Zeit des persischen Großreiches unter König Xerxes I. (486–465 v. Chr.),[17] dessen Name hebräisch Ahasveros wiedergegeben wird. Der Aufstieg der Perser oder »Achämeni-

---

17 Zur Geschichte des Perserreiches vgl. Wiesehöfer, Aufstieg und

den«[18] zur Weltmacht im 6. Jh. v. Chr. beginnt im Südwesten des heutigen Iran. Als Reichsgründer gilt Kyros I. (559–530 v. Chr.). Innerhalb weniger Jahrzehnte war es ihm gelungen, seine Herrschaft nach Nordwesten in den Mittelmeerraum hinein auszudehnen. Auf die Eroberung des Reiches der Meder durch Kyros im Jahr 550 v. Chr. geht die Bezeichnung »Perser und Meder« zurück, die sich auch im biblischen Sprachgebrauch und im Buch Ester findet (z. B. Est 1,14.19). Nach der Niederlage des letzten Königs des neubabylonischen Reiches Nabonid und der kampflosen Einnahme der Hauptstadt Babylon 539 v. Chr. befindet sich Kyros auf dem Gipfel seiner Macht. Anschließend wendet er sich nach Osten, um weiter nach Zentralasien vorzustoßen. Hier soll er 530 v. Chr. den Tod gefunden haben und danach in der von ihm errichteten Residenzstadt Pasargade begraben worden sein.

Kyros' Sohn Kambyses II. (530–522 v. Chr.) kann mit der Eroberung Ägyptens 525 v. Chr. zunächst an die militärischen Erfolge seines Vaters anknüpfen. Doch im Inneren ist das persische Weltreich wirtschaftlich und politisch instabil. Nach dem Tod des Kambyses bei seiner Rückkehr aus Ägypten reißt Dareios I. (522–486 v. Chr.) die Macht an sich. Obwohl Dareios von seiner Abstammung her nichts mit Kyros I. zu tun hat, lässt er sich in der berühmten Wandinschrift von Bisotun als dessen legitimer Thronerbe darstellen und begründet eine eigene Dynastie. Brutal schlägt Dareios die Auf-

---

Fall, und ders., Von Kyros dem Großen. Soweit nicht anders angegeben handelt es sich bei den genannten Jahreszahlen in Klammern jeweils um die Zeit der Regentschaft.

18 Die Bezeichnung »Achämeniden« bzw. »Achämenidenreich« rührt von Achaimenes, dem Begründer der ersten persischen Dynastie her.

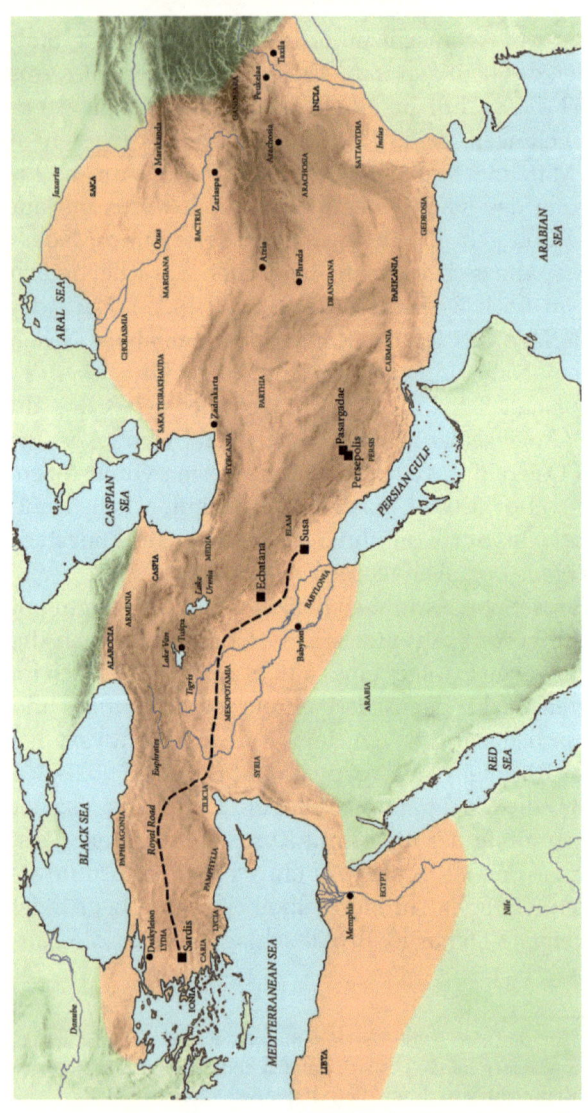

Abb. 2: Das persische Weltreich zum Zeitpunkt seiner größten Ausdehnung (um 500 v. Chr.).

stände nieder, die den Beginn seiner Herrschaft markieren. Danach gelingt es ihm, das Reich nach außen weiter zu vergrößern und nach innen zu festigen. Neben zahlreichen Maßnahmen zur Schaffung einer leistungsfähigen Verwaltung und Infrastruktur fällt in seine Regentschaft auch der Bau der Residenzstädte Persepolis und Susa. Letztere spielt im Buch Ester als Schauplatz des Geschehens eine wesentliche Rolle.

Der persische König, von dem das Buch Ester handelt, ist Xerxes I. (486–465 v. Chr.), Sohn und Nachfolger Dareios' I. Xerxes hat in der antiken Literatur ein ausgesprochen schlechtes Image.[19] Grund dafür ist v. a. die Tatsache, dass die meisten Zeugnisse über ihn und seine Herrschaft aus der Feder griechischer Autoren stammen. Sie werden später von anderen übernommen und prägen lange Zeit maßgeblich das Bild. Angesichts von Feindschaft, Rivalität und kriegerischen Auseinandersetzungen ist eine vorurteilsfreie Darstellung der Perser durch Griechen nicht zu erwarten. Stattdessen herrschen negative Klischees und Stereotype vor. So gilt insbesondere Xerxes als der Inbegriff eines maßlosen und dekadenten Despoten, der sein Weltreich in den Untergang stürzt. Sein gescheiterter Versuch, auch das griechische Kernland und die gesamte Ägäis unter persische Kontrolle zu bringen, hat sicher dazu beigetragen. Doch abgesehen von dem erzwungenen Rückzug aus Europa ist Xerxes innen- und außenpolitisch nicht weniger erfolgreich gewesen als sein Vater Dareios.

---

19   Dazu Wiesehöfer, Aufstieg und Fall, 11. Zum Bild der Perser in der griechischen Kunst und Literatur vgl. auch Raeck, Perserbild, und Metzler, Perser in der Literatur.

6. Das persische Weltreich und das Buch Ester

Auch das Buch Ester trägt relativ wenig zur Ehrenrettung des Xerxes bei. Zwar scheint der Erzähler die Organisation des persischen Reiches und die Gepflogenheiten am Königshof besser zu kennen als manche andere zeitgenössische Autoren. In seiner Schilderung hat er diese Informationen jedoch phantasievoll ausgemalt und ironisch zugespitzt. Er beschreibt eine geradezu märchenhafte und gleichzeitig groteske Welt, in der sich die Protagonisten bewegen. Zu dem Bild, das der Erzähler zeichnet, gehören Reichtum und Luxus, wochenlange rauschende Feste und ständige Trinkgelage. Der König hat einen ungeheuren Verschleiß an schönen jungen Frauen. Er behandelt seine Gemahlin wie eine Konkubine, neigt zu Wutausbrüchen, ist regelmäßig betrunken und in diesem Zustand leicht beeinflussbar. Statt für Recht und Ordnung zu sorgen, bindet er sich durch falsche Erlasse selbst, die er nicht aufheben, sondern höchstens durch andere ergänzen kann. Es spricht viel für die Annahme, dass der oder die Verfasser des Buches Ester das persische Reich aus eigener Anschauung gekannt haben. Rückschlüsse auf die Historizität des erzählten Geschehens lassen sich daraus allerdings nicht ziehen. Insgesamt bewegt sich die Charakterisierung des Herrschers im Rahmen stereotyper Zuschreibungen, die – was z. B. die Rolle von Frauen am Königshof betrifft – nur wenig Anhalt an den tatsächlichen Verhältnissen haben.[20]

Außer dem König Xerxes ist keine der Personen, die im Buch Ester vorkommen, historisch bezeugt. Zwar

---

20 Vgl. dazu Brosius, Frauen.

hat es verschiedene Versuche gegeben, Waschti, Ester, Mordechai und Haman mit Persönlichkeiten in Verbindung zu bringen, die aus den Quellen bekannt sind. Doch überzeugen diese Identifikationen kaum. Die Art von Literatur, um die es sich bei dem Buch Ester handelt, macht es unwahrscheinlich, dass alle ihre Protagonisten Menschen gewesen sind, die es tatsächlich gegeben hat. Das gilt in gleicher Weise für den Genozid, den der Judenfeind Haman anzettelt. Gerade die Perser zeichneten sich durch eine geschickte Politik der Toleranz gegenüber den zahlreichen ethnischen und religiösen Gruppen in ihrem Reich aus.[21] Dafür werden sie in biblischen Texten gelobt. Die Erlaubnis zur Rückkehr von Judäern aus dem Exil und der Wiederaufbau des Tempels in Jerusalem (Esr 1; 6), die Instandsetzung der Stadtmauer (Neh 1–7) und die Einführung des auf die Tora anspielenden »Gesetzes des Himmelsgottes« (Esr 7; Neh 8) stehen mit ihnen im Zusammenhang. Kyros I. wird gar als »Messias« bezeichnet und als Heilsbringer gefeiert (Jes 44,28–45,7).[22] Das Bild der Perser im Buch Ester unterscheidet sich erheblich von dieser positiven Sicht. Doch selbst wenn die Realität im Einzelnen etwas anders aussah, hatten die Perser wenig Interesse an politischen und religiösen Auseinandersetzungen. Entscheidend für sie war die Stabilität des Reiches. Das Problem, das im Buch Ester aufscheint, deutet eher auf eine spätere Zeit hin.

Jüdisches Leben außerhalb Palästinas war unter persischer Herrschaft etwas Normales. Nach der Erobe-

---

21 Vgl. Wiesehöfer, Aufstieg und Fall, 17f. Mit modernen Vorstellungen eines freiheitlich-demokratischen Staates hat die Herrschaft der Perser freilich wenig zu tun.
22 Zum Bild der Perser in der Bibel vgl. Albertz, Perser in der Bibel.

rung Ägyptens durch Kambyses II. gehörten alle drei großen Siedlungsgebiete von Judäern / Juden zum persischen Reich: Ägypten, Syrien-Palästina und das babylonische Kernland. Quellen aus babylonischer und persischer Zeit belegen, dass Judäer bzw. Juden in die Gesellschaft integriert und rechtlich gleichgestellt waren. Sie konnten ohne Weiteres Land pachten, als Handwerker arbeiten oder als Beamte im Staatsdienst tätig sein. Insofern wundert es kaum, dass neben dem Buch Ester auch die Bücher Esra und Nehemia Juden in herausgehobenen Positionen am persischen Königshof oder im Dienst des persischen Königs zeigen (vgl. Esr 7; Neh 1,1.11; 2,1). Was nicht heißt, dass das Verhältnis zwischen den verschiedenen ethnischen und religiösen Gruppen im persischen Vielvölkerstaat und die Beziehungen zur persischen Verwaltung immer frei von Spannungen und Konflikten gewesen sind. Die Stimmung konnte auch kippen.

Über einen Fall aus Ägypten sind wir durch Handschriftenfunde relativ gut informiert. Dort befand sich auf der Insel Elephantine im Nil eine Siedlung, in der Judäer lebten.[23] Diese Gruppe kannte den Sabbat, die Feste Pessach und Mazzot, sie verehrte den Gott Jhwh und besaß einen eigenen Tempel. Im Jahr 410 v. Chr. wurde dieser Tempel durch Vidranga, den persischen Gouverneur von Elephantine, bzw. durch seinen Sohn Nephajna, den Militärkommandanten, zerstört. Hintergrund war ein Konflikt mit der örtlichen Priesterschaft des ägyptischen Gottes Chnum. Die Ursache dieses Konfliktes und welche Rolle Vidranga in der Auseinan-

---

23 Vgl. dazu Rohrmoser, Götter, Tempel und Kult. Übersetzungen der Handschriftentexte auch bei Delsman, Aramäische Dokumente, 253–263.

dersetzung gespielt hat, geht aus den Quellen nicht eindeutig und sicher hervor. In einem Bittschreiben an Bagohi, den lokalen persischen Gouverneur in Jerusalem, betonen die Judäer von Elephantine ihre Loyalität gegenüber den Persern und beschweren sich über Vidranga. Sie erhalten die Erlaubnis zum Wiederaufbau des Tempels. Die sog. Elephantine-Papyri und die anderen archäologischen Funde auf der Insel gewähren einen Einblick in das Leben von Judäern in Ägypten unter persischer Herrschaft. Sie zeigen, welch unterschiedliche Rolle persische Beamte im Konfliktfall spielen konnten. Der Tempel wurde wieder aufgebaut. Bald danach müssen die Judäer die Siedlung jedoch verlassen haben. In Jerusalem eskaliert derweil ein Konflikt zwischen Bagohi und dem jüdischen Hohepriester Johannes.[24]

Etwas anders liegt der Sachverhalt, den die biblischen Bücher Esra und Nehemia schildern. Hier kommen die Rückkehr von Judäern aus dem babylonischen Exil und der Wiederaufbau der Stadt Jerusalem und ihres Tempels ins Stocken, weil – so die Darstellung – verschiedene lokale Eliten die Legitimität dieses Projektes in Zweifel ziehen und seinen Fortgang stören. Erst eine Intervention auf allerhöchster Ebene führt eine Klärung im Sinne der Judäer herbei (Esr 4–6; Neh 3,33–4,17; 6). Dabei dürften allerdings weniger ihre religiösen Belange das Problem gewesen sein, sondern v. a. die möglichen politischen Implikationen des Wiederaufbaus. An ein erneutes judäisches Königtum ist in persischer Zeit offenbar nicht zu denken. Die entsprechenden Hoffnungen, die man in Serubbabel,

---

24 So der Bericht von Josephus (Antiquitates 11, 297–301), vgl. Spilsbury / Seeman, Judean Antiquities 11, 102–106; Achenbach, Genocide, 96.

einen Nachkommen des vorletzten judäischen Königs, gesetzt hatte, zerschlagen sich (Hag 2,21–23; Sach 4,6–10). Insgesamt bemühen sich die persischen Herrscher jedoch um eine Politik des Ausgleichs. Aufstände im Reich und Mordanschläge auf den König hat es trotzdem gegeben. Auch in der Regierungszeit von Xerxes I., der am Ende von seinem eigenen Sohn Artaxerxes I. (465–424 v. Chr.) umgebracht wird.

7. Diasporaerzählung

Erzählungen wie im Buch Ester, die von den Möglichkeiten und Grenzen des Lebens in der Fremde handeln, werden »Diaspora-Erzählung« oder »Diaspora-Novelle« genannt. Der aus der griechischen Sprache stammende Begriff »Diaspora« (»Zerstreuung«) bezeichnet die Existenz von Judäern bzw. Juden außerhalb des eigenen Landes. Spätestens seit der Eroberung durch den babylonischen König Nebukadnezar 597/586 v. Chr. ist sie eine dauerhafte Realität gewesen, die den jüdischen Glauben und die Literatur der Hebräischen Bibel nachhaltig beeinflusst und geprägt hat. Durch Flucht und Deportation sind judäische Ansiedlungen vor allem in Ägypten und im Kernland des babylonischen Reiches entstanden. Anders als im Zuge der Expansionspolitik des neuassyrischen Reiches am Ende des 8. Jh. v. Chr. konnten Judäer nun ihre religiöse Identität bewahren. Und anders als es biblische Texte wie zum Beispiel das Buch Esra oder Teile des Buches Jesaja vermitteln, blieb diese Diaspora dauerhaft bestehen. Neben den Gruppen derer, die nach und nach in die Heimat ihrer Vorfahren zurückgekehrt sind, gab es diejenigen, für die das aus verschiedenen Gründen keine Option war.

Welche Chancen und Risiken das Leben in einem mehrheitlich nicht jüdischen Umfeld mit sich bringt, ob es überhaupt legitim ist und wie man sich als Jude in diesem Kontext verhalten soll, das sind Fragen, die in den Diaspora-Erzählungen exemplarisch durchgespielt und beantwortet werden.[25] Ihre literaturwissenschaftliche Charakterisierung als Novellen hat mit ihrem literarischen Charakter zu tun. Es handelt sich um Erzähltexte mit einem in sich geschlossenen klaren Spannungsbogen, bei dem ein sich konflikthaft zuspitzender Ereignisverlauf eine überraschende Wendung nimmt. Die Handlung konzentriert sich in der Regel auf einen einzigen Strang, die Zahl der Personen ist auf wenige Protagonisten begrenzt. Der Erzählstoff macht einen historischen Eindruck, ohne dass es sich dabei um geschichtliche Tatsachen handeln muss. Das Ergebnis geht in seiner Bedeutung über das einzelne Individuum hinaus und hat auch eine symbolische Dimension.

Mit dem Buch Ester als Diaspora-Novelle vergleichbar sind in der Hebräischen Bibel vor allem die Josefsgeschichte (Gen 37–50) und die Daniel-Legenden (Dan 1–6). In allen drei Fällen machen Judäer / Juden Karriere an einem ausländischen Königshof. Sie setzen sich dort für die Belange des jeweiligen Landes und ihres Herrschers ein und können in dieser Position aufgrund ihres Mutes, ihrer Begabungen und ihrer Klugheit auch Gutes für ihr eigenes Volk bewirken. Josef versteht es, Träume zu deuten, und bereitet Ägypten auf die bevorstehende Hungersnot vor. Am Ende sichert er so der ganzen Familie Jakobs das Überleben. Im Unterschied zur Josefsgeschichte tritt bei Daniel und Ester jedoch stärker das Moment der Bewährung der jüdischen Identität in den

---

25 Vgl. Meinhold, Esther, 14–17.

Vordergrund. Zwar verhält sich auch Josef in Ägypten wie ein frommer und gottesfürchtiger Israelit, der den Verlockungen der fremden, verheirateten Frau widersteht (Gen 39) und sich an die Speisegebote hält (Gen 43,32). Der Konflikt zwischen Loyalität im fremden Land auf der einen Seite und der Gefahr der Selbstpreisgabe auf der anderen ist also gegeben, doch steht dieser Aspekt bei Josef längst nicht so stark im Vordergrund wie bei Daniel und Ester. Die Verweigerung der kniefälligen, quasi-göttlichen Verehrung des Königs oder eines seiner Repräsentanten ist hier das eigentliche Problem und die Ursache für die existenzbedrohende Krise. Im Buch Ester wird diese Krise durch eine neuartige Feindschaft gegenüber den Juden extrem gesteigert. Nicht Hunger bringt das jüdische Volk in Gefahr (vgl. Gen 42,1 f.; 43,1 f.), sondern menschliches Handeln und Verhalten. Gefragt sind deshalb weniger Weisheit (Josef) oder Gesetzestreue (Daniel), sondern der mutige Einsatz des eigenen Lebens (Est 4,13–16).

Im Vergleich mit der Josefsgeschichte und den Daniel-Legenden tritt noch eine weitere Besonderheit des Buches Ester hervor. Es handelt nämlich genau genommen von zwei »Helden«: Ester und Mordechai. Die beiden Charaktere sind »biographisch« miteinander verknüpft (Mordechai ist Esters Cousin und Ziehvater), ihre Rollen und Handlungen erzählerisch miteinander verschränkt und ergänzen sich. Ein Erzählstrang beinhaltet den Aufstieg des Juden Mordechai zum zweiten Mann im persischen Reich nach dem König, ein anderer den Aufstieg der Jüdin Ester zur Königin und die Rettung des jüdischen Volkes. Verbunden sind beide Stränge durch die Figur des Haman, der nicht nur Mordechai, sondern alle Juden umbringen und vernichten will. Auf der Figur des Mordechai ruht dabei ein etwas größeres Schwergewicht. Er deckt eine

Verschwörung gegen den König auf, sein Verhalten provoziert den Vernichtungswillen Hamans, er macht Ester auf ihre Möglichkeiten und ihre Verantwortung zur Rettung des jüdischen Volkes aufmerksam, er ist federführend bei der Formulierung des Gegenerlasses und bei der Einführung des Purimfestes.

Neben seiner Zugehörigkeit zu den Diaspora-Novellen weist das Buch Ester auch Merkmale anderer Textgattungen auf.[26] Vom Purimfest her lässt es sich als Festlegende beschreiben, die von der Einführung und Begründung dieser Festtradition handelt. Das höfische Milieu der Handlung und der Konflikt zwischen Angehörigen des Königshofes wiederum rücken die Erzählung in die Nähe von sog. Hofgeschichten. Und schließlich ist immer wieder auch ihr Charakter als weisheitliche Lehrerzählung beobachtet worden. Mit dem weisheitlichen Denken verbindet das Buch Ester nicht nur die am Ende wiederhergestellte Ordnung, die durch den Frevler (Haman) gestört worden ist. Auch der fehlende explizite Gottesbezug – ein Merkmal v. a. der älteren Spruchweisheit – gewinnt vor diesem Hintergrund seine Plausibilität.

---

26 Ego, Ester, 34–40, bezeichnet das Buch Ester als »Mischform« verschiedener Gattungen. Letztlich ist dies auch ein Beleg dafür, dass »Gattung« keine Eigenschaft von Texten ist, sondern Texte sich konventioneller kommunikativer Muster bedienen, die bestimmte Erwartungen bei den Leserinnen und Lesern wecken (vgl. dazu Heckl, Nachahmung).

8. Gott im Buch Ester

Bei der Lektüre des Buches Ester fällt auf, dass in dieser biblischen Schrift nicht ein einziges Mal explizit von Gott gesprochen wird – zumindest nicht in den Versionen, die auf dem Text der Hebräischen Bibel basieren. Das gibt es höchstens im Buch Hohelied noch einmal, je nachdem, wie der Wortlaut in Hld 8,6 gedeutet wird. Zusätzlich zu dieser Besonderheit geben die Namen der beiden Hauptfiguren Ester und Mordechai Rätsel auf. Es handelt sich dabei nicht um typische judäische Personennamen, die – zwar nicht immer, aber oft – eine Kurzform des Gottesnamens Jhwh enthalten und darum leicht als solche erkennbar sind. In dem Setting, in dem die Erzählung von Ester spielt, mag das zunächst wenig überraschen. Auch andere prominente Judäer/Juden in der Bibel tragen ausländische Namen, die ihrem jeweiligen Lebensumfeld entsprechen (z. B. Mose: Ex 2,10 oder Serubbabel: Hag 1,1; Sach 4,6f.). Mordechai und Ester sind also nicht schon anhand ihrer Namen als Juden zu identifizieren. Das passt zu dem Verbergen der Herkunft, das im Buch Ester explizit als eine Strategie zur Konfliktvermeidung thematisiert wird (vgl. Est 2,10.20). Außergewöhnlich sind die Namen Ester und Mordechai vor allem deshalb, weil sie auf frappierende Art und Weise den Namen der babylonischen Gottheiten Ištar und Marduk ähneln.[27] Wie ist in diesem Zusammenhang das Fehlen eines direkten Bezuges auf den Gott Israels zu deuten?

Gerne wird auf die Formulierung in Est 4,14 verwiesen, wo Mordechai Ester durch einen Boten ausrichten lässt:

---

27 Vgl. Hutzli, Ištar und Marduk, 7–9.

Wenn du tatsächlich schweigst zu dieser Zeit, wird Rettung und Erleichterung für die Juden von anderer Stelle (wörtlich: »von einem anderen Ort«) erstehen. Aber du und das Haus deines Vaters werden zugrunde gehen. Wer weiß, ob du für so eine Zeit wie diese der Königsherrschaft nahe gekommen bist.

Manche Auslegerinnen und Ausleger verstehen diese Aussage als eine indirekte Anspielung auf Gott, der helfen werde, wenn Ester es nicht tut. Für diese Deutung spricht, dass mit dem »Ort« (*māqôm*) in der Hebräischen Bibel oft der Ort der Gegenwart und kultischen Verehrung Gottes gemeint ist (vgl. Ex 20,24; Dtn 12,5.11.21.26 u. a.) und daran anknüpfend später in der rabbinischen Literatur sogar Gott selbst. Doch ob in Est 4,14 tatsächlich ein solcher religiös-theologischer Sprachgebrauch vorliegt, ist nicht sicher zu entscheiden, so dass diese Textstelle allein die Beweislast für die Frage nach Gott im Buch Ester kaum tragen kann.[28]

Letztlich hängt der Gottesbezug des Buches Ester nicht an einer einzelnen Formulierung. Es gibt auch andere Texte in der Bibel, in denen über weite Strecken hinweg nicht von Gott gesprochen wird. Für die biblischen Autoren ist die explizite Rede von Gott kein notwendiges Merkmal ihrer Texte. Sie gehen von der Gegenwart und dem Wirken Gottes aus und müssen das nicht in jedem Fall ausdrücklich hervorheben. Das gilt auch für das Buch Ester. Zumal es eine ganze Reihe von literarischen Motiven und intertextuellen Bezügen enthält, die darauf hinweisen, dass mit dem verborgenen Handeln Gottes zugunsten seines Volkes gerechnet wird. Dazu gehört nicht zuletzt das Fasten Esters und aller Juden in Susa und Mordechais rhetorische Frage,

---

28 Siehe dazu unten, S. 97 f.

ob Ester nicht vielleicht gerade deshalb Königin geworden ist, um ihrem Volk zu helfen (Est 4,14). Auch die Weigerung Mordechais, sich vor Haman niederzuwerfen, ist ein Signal für die Leserinnen und Leser des Buches: Natürlich weiß Mordechai um Gott. So kommt Gott zwischen den Zeilen ins Spiel.[29]

Die erwähnte Besonderheit der Namen Esters und Mordechais widerspricht dieser Deutung nicht. Sicher ist die Wahl der Namen nur ein literarischer Kunstgriff und auch als solcher zu verstehen. Möglicherweise handelt es sich sogar um eine ironische Spitze gegen die Perser, die ausschließlich ihren Gott Ahuramazda verehrten. Der Erzähler hebt mit dem Mittel der Namen das Thema des Buches Ester auf eine andere Ebene. Es ist für ihn mehr als nur ein Angriff persischer Herrscher auf das jüdische Volk, es ist ein Angriff auf das Reich insgesamt, dessen loyale Diener Mordechai und Ester sind (vgl. Est 2,21–23). Sogar die fremden babylonischen Götter solidarisieren sich mit den bedrohten Juden, die der persische Vizekönig Haman aus Hochmut und gekränkter Eitelkeit vernichten will.

Im Zusammenhang mit der Frage nach Gott im Buch Ester muss bereits auf eine Besonderheit dieser biblischen Schrift hingewiesen werden. Sie ist uns in drei verschiedenen Fassungen überliefert.[30] Im Unterschied zur Version in der Hebräischen Bibel spielt Gott in den beiden griechischen Ausgaben eine wichtige und ganz explizite Rolle.[31]

---

29 Dass das Buch Ester theologisch gelesen werden will, daran besteht in der gegenwärtigen Forschung kaum Zweifel. Vgl. Ego, Ester, 52–55.
30 Siehe dazu unten, S. 40–45.
31 Siehe dazu unten, S. 140–143.

9. Herkunft und Entstehung des Ester-Buches

Um das Buch Ester in seinen historischen und literaturgeschichtlichen Kontext einordnen zu können und vor diesem Hintergrund zu verstehen, muss die Frage beantwortet werden, woher es stammt, wann es entstanden ist und wie. Das ist bei biblischen Texten oft ein schwieriges Unterfangen, weil belastbare explizite Hinweise darauf in der Regel fehlen. So kommt vor allem sprachlich-stilistischen und inhaltlichen Gesichtspunkten eine besondere Bedeutung zu.

Die sprachlich-stilistische Untersuchung bescheinigt dem Buch Ester ein relativ spätes Hebräisch mit einer Vielzahl an Lehnwörtern.[32] Zahlreiche Lexeme kommen nur hier und nirgendwo sonst in der Hebräischen Bibel vor. Griechische Spracheinflüsse fehlen dagegen. Dieser Befund legt zunächst die Vermutung nahe, dass die Ursprünge des Ester-Buches tatsächlich in persischer Zeit zu suchen sind.[33]

Häufig diskutiert worden ist die Frage, aus welchen literarischen Quellen es sich speist. Dabei hat die Beobachtung eine Rolle gespielt, dass im Buch Ester zwei Handlungsstränge vorliegen: der Aufstieg Esters zur Königin und der Aufstieg Mordechais zum Vizekönig. Während es für die Rettung des jüdischen Volkes das Zusammenwirken beider Protagonisten braucht, kommen der Aufstieg Mordechais und die Lösung des Konfliktes zwischen ihm und Haman weitgehend ohne einen Bezug zu Ester aus. Man hat deshalb die Existenz

---

32 Vgl. Meinhold, Esther, 20; Ego, Ester, 14–16.
33 Eine Entstehung des Buches Ester in persischer Zeit nimmt z. B. Meinhold, Esther, 20, an.

von zwei oder gar drei voneinander unabhängigen literarischen Quellen angenommen, die redaktionell verbunden worden sind.[34] Doppelt vorkommende Erzählinhalte (z. B. Gastmähler, Purimbriefe) wurden dabei auf die verschiedenen Quellenschriften aufgeteilt. Diese These wird aus einer Vielzahl an methodischen und inhaltlichen Gründen kaum noch vertreten. Man erklärt den Befund stattdessen mit der bewussten Komposition des Textes durch den Erzähler bzw. als das Ergebnis eines mehrstufigen Fortschreibungsprozesses.[35]

Einig ist sich die Forschung zum Buch Ester vor allem im Blick auf die Textpassagen, die sich mit der Einführung des Purimfestes beschäftigen (Est 3,7; 9,20–32). Sie werden überwiegend als spätere Zusätze betrachtet, die sich der schrittweisen Weiterentwicklung der Erzählung zu einer Festlegende verdanken. Das gilt auch für die zweite, detailliertere Darstellung der Ereignisse am Entscheidungstag (13. Tag des zwölften Monats) und ihrer Ergebnisse sowie die Verlängerung um einen weiteren Tag für die Juden in Susa (Est 9,5–19). Sie hängt mit der merkwürdigen Mehrzahl der Purimtage zusammen, die offenbar durch die Festpraxis bereits vorgegeben war und sowohl einer Erklärung als auch der Vereinheitlichung (Est 9,21) bedurfte. Möglicherweise verdankt sich sogar die genaue Terminierung des Kampftages erst der nachträglichen Verbindung mit dem Purimfest.[36]

---

34 Vgl. Ego, Ester, 42–46.
35 Bis auf wenige Ausnahmen (»die Purim betreffenden Stellen bzw. Abschnitte«) geht Meinhold, Esther, 12, von der literarischen Einheitlichkeit der Erzählung aus. Ego, Ester, 48–50, rechnet dagegen mit einer schrittweisen Erweiterung einer ursprünglichen Ester-Rettungserzählung.
36 Vgl. Ego, Ester, 40–42.

Inhaltlich muss berücksichtigt werden, dass das Buch Ester zur Diaspora-Literatur gehört, die jüdisches Leben in einem mehrheitlich nicht jüdischen Umfeld thematisiert. Das spezielle Problem der kniefälligen, quasi-göttlichen Verehrung eines Herrschers oder eines seiner Repräsentanten (die sog. Proskynese), die Mordechai verweigert (Est 3,1–5), rückt die Erzählung in die Nähe des Buches Daniel (vgl. Dan 3). Dass jüdische Identität und jüdisches Leben derart unter Druck geraten, wie es das Ester-Buch beschreibt, ist als Gegenstand einer Erzählung in persischer Zeit nur schwer vorstellbar.[37] Hier scheinen eher Verhältnisse und Erfahrungen während der griechischen Herrschaft im 3. und 2. Jh. v. Chr. im Hintergrund zu stehen. Tatsächlich ändern sich in dieser Zeit Herrscherkult und Religionspolitik, was mit dem göttlichen Anspruch Alexanders des Großen (336–323 v. Chr.) und der anderen griechischen Herrscher in seiner Nachfolge (den sog. »Diadochen«) zusammenhängt. Gerne wird auf Antiochus IV. (175–164 v. Chr.) und seine extrem antijüdische Politik verwiesen, die schließlich zum bewaffneten Widerstand führt. So könnte eine Verbindung bestehen zwischen dem Buch Ester und dem jüdischen Befreiungskampf der Makkabäer bzw. Hasmonäer.[38] Zumindest kennt die biblische Literatur zu dieser Epoche die Feier des Sieges über den Judenfeind Nikanor am 13. Adar (1 Makk 7,43.49) und einen »Tag Mordechais« am darauffolgenden 14. Adar (2 Makk 15,36f.), was als Hinweis auf das Purimfest (vgl. Est 3,7.13; 8,12; 9,1.15.17.19.21) gedeutet werden kann. Setzt das die

---

37 Achenbach, Genocide, 94–97. Vgl. dazu auch die Ausführungen unten, S. 82.
38 Vgl. Achenbach, Genocide, 107–110.

Existenz des Buches Ester bereits voraus, oder ist die Erzählung erst als Reflex auf die Ereignisse in makkabäischer bzw. hasmonäischer Zeit entstanden? Beide Sichtweisen werden vertreten.[39]

Letztlich besteht die Herausforderung bei der Datierung des Buches Ester darin, alle Indizien gleichermaßen zu berücksichtigen – also sowohl die Argumente, die für eine Entstehung in einem persisch geprägten Umfeld sprechen, als auch diejenigen, die eher einen hellenistischen Ursprung nahelegen. Das gelingt am besten durch die Annahme, dass die Erzählung aus dem Bereich der östlichen, auch nach dem Beginn der griechischen Herrschaft noch persisch geprägten Diaspora stammt und später unter dem Eindruck der Verfolgung der Juden in der Mitte des 2. Jh. v. Chr. sowie angesichts der Erfolge der Makkabäer bzw. Hasmonäer zu einer Festlegende für das Purimfest weiterentwickelt worden ist.[40]

10. Kein Ester-Buch wie das andere

Leserinnen und Leser der Bibel finden in ihr einen Text vor, den sie für den einen und einzigen biblischen Text halten. Viele Bibelausgaben beruhen – was das Alte Testament angeht – auf dem Text des hebräischen (und teilweise auch aramäischen) Tanach, der jüdischen »Bibel«. Dessen wissenschaftliche Standardausgabe basiert auf der ältesten vollständig erhaltenen Handschrift aus dem Jahr 1009 n. Chr. Sie gehört zu einer Gruppe von Handschriften, deren Text »masoretischer

---

39 Vgl. den Überblick bei Ego, Ester, 59–61.
40 So Ego, Ester, 61–69, vgl. auch dies., Ester, 204 f.

Text« (Abkürzung »MT«) genannt wird, weil er von jüdischen Gelehrtenfamilien (den »Masoreten«) überliefert worden ist, die sehr genau seinen Wortlaut und die bedeutungsrelevante Aussprache des ursprünglich reinen Konsonantentextes konserviert haben. Dieser standardisierte Text des Tanach liegt heute vielen Ausgaben des Alten Testaments in den christlichen Bibeln zugrunde.

Daneben gibt es allerdings noch eine Fülle weiterer Ausgaben des Bibeltextes in Form von alten hebräischen, lateinischen, griechischen u. a. Handschriften. Diese Ausgaben weichen nicht nur aufgrund ihrer unterschiedlichen Sprache voneinander ab. Es gibt auch Abweichungen, die auf die Existenz verschiedener Textfassungen im Bereich des Wortlautes zurückgehen. Eine große Gruppe griechischer Textzeugen bilden die Handschriften der Septuaginta, einer bedeutenden griechischen Ausgabe des Alten Testaments (Abkürzung »LXX«). Die Frage, die sich angesichts dieses hier nur sehr grob umrissenen Befundes stellt, lautet: Welche der verschiedenen Fassungen eines biblischen Textes ist die ursprüngliche und damit letztlich auch die maßgebliche Version? In vielen Fällen sind die Abweichungen gering bzw. es lassen sich unbeabsichtigte Fehler bei der Textüberlieferung, bewusste Änderungen oder interpretierende Um- und Neuformulierungen relativ leicht identifizieren.

Im Falle des Buches Ester ist die Sache jedoch wesentlich komplizierter. Es existieren mehrere Fassungen, die zum Teil erheblich voneinander abweichen. Vor allem der Umfang der Ester-Erzählung ist sehr unterschiedlich. Sogar innerhalb ein und derselben Sprachfamilie. So gibt es neben der Version der Septuaginta (LXX) noch eine weitere griechische Textfassung des Ester-Buches (meist »A-Text« genannt). Beide sind wesentlich länger als der masoretische Text (MT), aber nicht gleich lang. Sie weisen (neben vielen kleinen) folgende große »Überschüsse« gegenüber dem masoretischen Text auf, deren Stellung im Buch anhand der Kapitel- und Verszählung des MT verdeutlicht wird:[41]

Bezeichnung	Position	Inhalt
A	vor Est 1,1	Mordechai träumt von einer existenziellen Bedrohung für das jüdische Volk und von dessen Rettung. Er deckt eine erste Verschwörung gegen den König auf, wird befördert und erhält Geschenke. Haman plant Böses gegen ihn, weil er die Verschwörer beim König angezeigt hat.
B	zwischen Est 3,13 und 3,14	Der Inhalt des in Est 3,12f. (vgl. Est 3,9; 4,8) erwähnten königlichen Erlasses wird angegeben. Er stellt die Juden als fremdartig und als eine Gefahr für das Wohl und den Frieden des Landes dar.
	zwischen Est 4,8 und 4,9	Ergänzung zu Mordechais Aufruf an Ester: Mordechai erinnert Ester an ihre Kindheit und wie sie bei ihm aufgewachsen ist und untermauert damit seine Bitte an sie.

---

41 Zu den verschiedenen griechischen Fassungen des Buches Ester vgl. De Troyer / Wacker, Esther, 1253–1269, sowie Siegert, Einleitung, 247–257. Deutsche Textausgabe: Kraus/Karrer, Septuaginta Deutsch, 593–618. Die Bestimmung der genannten »Zusätze« geht auf die lateinische Übersetzung des Hieronymus (die »Vulgata«) zurück, vgl. De Troyer/Wacker, Esther, 1255f.

C	zwischen Est 4,17 und 5,1	Mordechais Gebet, Esters Gebet
D	Alternative zu Est 5,1f.	Esters Audienz beim König: Ester macht sich schön und begibt sich zum König, der voller Zorn auf seinem Thron sitzt. Ester erleidet zwei Schwächeanfälle. Gott wendet den Zorn des Königs, der freundlich mit Ester spricht und sich Sorgen um sie macht.
E	zwischen Est 8,12 und 8,13	Esters und Mordechais Gegenerlass: Er geht über den in Est 8,8–12 skizzierten Inhalt hinaus und enthält eine ausführliche Erklärung des Königs zu seinem Umgang mit Haman, die Erlaubnis gegenüber den Juden, dass sie nach ihren Gesetzen leben dürfen, sowie die Einsetzung des Purimfestes.
F	nach Est 10,3	Mordechai erinnert an seinen Traum vom Anfang und deutet ihn. Eine Schlussbemerkung (Kolophon) handelt von der Übergabe des (griechischen) Buches Ester an die jüdische Gemeinde in Alexandria.

Je nach Bibelausgabe kann die darin abgedruckte Fassung des Buches Ester variieren. In der »Lutherbibel« etwa werden die Überschüsse als »Stücke zu Ester« bezeichnet und unter der Rubrik »Apokryphen« separat in einem Anhang zum Alten Testament präsentiert. Aus ihrem literarischen Zusammenhang herausgerissen entsteht so der verkehrte Eindruck, dass es sich nur um »Zusätze« handelt. Hintergrund dieser Praxis ist die Orientierung am masoretischen Textbestand des jüdischen Tanach. Die stärker im deutschsprachigen römisch-katholischen Raum verbreitete und ursprünglich ökumenisch angelegte »Einheitsübersetzung« dagegen verbindet die genannten Abschnitte aus der Septuaginta mit dem hebräischen Esterbuch zu einem Mischtext, der – dem Aufbau der griechischen Fassung folgend – beides enthält. Auch dieses Vorgehen zerstört literarische Zusammenhänge und konstruiert neue, die so ursprünglich nicht gegeben sind. Einen anderen, konsequenteren Weg gehen die »Bibel in gerechter Sprache« und zuvor bereits die »Gute Nachricht Bibel«. Beide enthalten sowohl eine Übersetzung der hebräischen Fassung des Esterbuches als auch eine Übersetzung der griechischen Version der Septuaginta.[42] Die Ausgabe »Septuaginta Deutsch« bietet zudem eine Übersetzung des »A«-Textes sowie inhaltliche Anmerkungen zu beiden griechischen Texten.[43]

Komplex ist das Problem der verschiedenen Ausgaben des Buches Ester vor allem deshalb, weil die Abweichungen gegenüber dem masoretischen Text nicht

---

42 Bail/Crüsemann u. a., Bibel in gerechter Sprache; Deutsche Bibelgesellschaft u. a., Bibel in heutigem Deutsch.
43 Kraus/Karrer, Septuaginta Deutsch, 593–618; De Troyer/Wacker, Esther, 1269–1296.

nur die genannten Überschüsse betreffen. Auch in dem Bereich, wo der masoretische Text vorliegt, weichen sie nicht unwesentlich von ihm und wiederum auch voneinander ab. Es handelt sich also um Ausgaben mit einem ganz eigenen literarischen und inhaltlichen Charakter. Die Frage, in welchem Verhältnis die verschiedenen uns bekannten Textzeugen des Ester-Buches zueinander stehen, lässt sich nicht leicht beantworten. Versuche, dieses Problem zu lösen, sind umstritten. Möglicherweise enthält keine bisher bekannte Handschrift bzw. Handschriftengruppe den ursprünglichen Text, so dass er hypothetisch rekonstruiert werden müsste.[44] Oder es hat diesen ursprünglichen Text, von dem alle anderen abhängig sind, so gar nicht gegeben, sondern von Anfang an verschiedene Fassungen, die nebeneinander existierten.

Das Buch Ester gehört zu den späten Schriften des jüdischen Tanach bzw. des Alten Testaments. Sein Rang als kanonische (»heilige«) Schrift wurde im frühen rabbinischen Judentum zumindest diskutiert. Doch aufgrund der Tatsache, dass das Purimfest offenbar bereits in makkabäischer Zeit fest etabliert war (vgl. 2 Makk 15,36f.), ließ sich auch das Buch Ester als dazugehörige Festlegende nicht ernsthaft in Frage stellen. Grundlage der folgenden Darstellung ist der masoretische Text. Die beiden griechischen Fassungen müssten daneben jeweils gesondert betrachtet werden, was den Rahmen dieses Bandes in der Reihe »Biblische Gestalten« sprengen würde.

---

44 Vgl. das Urteil von Siegert, Einleitung, S. 247: »Der ursprüngliche hebr. Text […] ist verloren.«

B. DARSTELLUNG

Erzählen ist eine Kunst und ein Handwerk zugleich. Die biblischen Erzähler beherrschten diese Kunst und dieses Handwerk perfekt. Das gilt in herausragender Weise auch für das Buch Ester. Seine narrative Struktur erweist sich als ausgezeichnet durchdacht. Geschickt weiß der Erzähler mehrere Spannungsbögen miteinander zu verknüpfen und zum Ziel zu führen. Mag diese biblische Schrift entstehungsgeschichtlich betrachtet auch nicht vollkommen aus einem Guss sein, hat ihre Bearbeitung doch ein erzählerisches Meisterwerk hervorgebracht.

1. Die Gliederung der Erzählung

Die Art und Weise wie ein Text sein Thema entfaltet, hängt von verschiedenen Faktoren ab. Maßgeblich bestimmt wird sie u. a. durch seine Aussage- und Wirkabsicht, die auch Einfluss auf die Wahl der Textsorte hat. Entsprechend dieser Grundentscheidung setzt sich ein Text aus verschiedenen inhaltlichen Bausteinen zusammen, die in einem bestimmten Verhältnis zueinander und zum thematischen Kern des Textes stehen. Diese Struktur wird als thematische Entfaltung bezeichnet.[45] Obwohl deren Gestaltung je nach Text sehr variantenreich ist, kristallisieren sich dennoch bestimmte Grundformen heraus. Für Erzähltexte ist die narrative thematische Entfaltung typisch.

---

45 Vgl. dazu Brinker, Textanalyse, 61–64.

Sie besteht aus einzelnen Elementen, die drei Kategorien zugeordnet werden können: der situativen Verortung (1), der Komplikation und ihrer Auflösung (2) und zusammenfassend-resümierenden Textteilen (3).[46] Elemente, die zum Bereich der situativen Verortung gehören, beschreiben die Situation, in die das Erzählte eingebettet ist. Sie nennen die zeitlichen und räumlichen Gegebenheiten und die Personen, um die es geht. Den Hauptteil einer Erzählung bilden eine oder mehrere Ereignisphasen, in der bzw. in denen ein außergewöhnliches Ereignis eintritt (Komplikation) und schließlich eine Lösung erfährt (Auflösung). Zusammenfassend-resümierende Textteile enthalten Aussagen über das Ergebnis und wie es eingeschätzt wird. Entscheidend an diesem Strukturmodell der narrativen thematischen Entfaltung ist die Tatsache, dass ein Erzähltext mehrere aus Komplikation und Auflösung zusammengesetzte Ereignisphasen aufweisen kann und sich situierende Elemente nicht nur am Beginn des Textes finden. Das trifft auch für die narrative thematische Entfaltung im Buch Ester zu.

Das Buch Ester erzählt die Rettung der Juden im persischen Reich durch die jüdische Königin Ester und ihren Ziehvater Mordechai. Es besteht aus verschiedenen Erzählsequenzen, die ihre narrative Funktion im Gesamttext haben, aber auch in sich selbst jeweils einen eigenen Spannungsbogen aufweisen. Nach der grundlegenden Einordnung in die »erzählte Zeit« (»in den Tagen Ahasveros'«, Est 1,1) beginnt die Erzählung mit einem ersten großen Abschnitt, der sich dem Aufstieg Esters zur Gemahlin des persischen Königs und seinem Hintergrund widmet (Est 1,2–2,23). Er handelt von drei

---

46 Vgl. dazu Brinker, Textanalyse, 69–75.

Festen im Palast des Königs in Susa, dem Ungehorsam der Königin Waschti, den sich daraus ergebenden Folgen (die Erschütterung der patriarchalen Ordnung und der vakante Platz der Königin) und wie diese behoben werden. Am Ende steht ein Loyalitätsbeweis von Mordechai, dem Ziehvater der neuen Königin Ester, gegenüber dem König (Est 2,21–23). Im Rahmen der Gesamterzählung handelt es sich bei diesem ersten Teil um eine situative Verortung. Worauf die Erzählung letztlich hinausläuft, ist an dieser Stelle noch nicht klar.

Im zweiten Teil des Buches (Est 3,1–4,17) kommt eine weitere Hauptfigur ins Spiel: Haman, der vom König zum zweiten Mann im Staat erhoben, aber von dem Juden Mordechai nicht in der erwarteten Weise geehrt wird. Haman beschließt daraufhin die Vernichtung aller Juden im Reich. Damit ist das außergewöhnliche Ereignis im Blick auf die Erzählung insgesamt benannt und die damit verbundene Komplikation beschrieben. Zum Schluss stellt sich die Frage, ob und wie Ester etwas dagegen unternimmt und welchen Erfolg ihr Handeln haben wird.

Hamans vermeintlichen Sieg und seine Niederlage stellen Est 5,1–7,10 dar. Nach seiner Einladung zu einem exklusiven Gastmahl mit dem König und der Königin – ein Wunsch, den der König seiner Gemahlin Ester erfüllt – wähnt Haman sich auf dem Höhepunkt seiner Karriere. Nur Mordechai stört ihn noch in seinem Glück. Doch statt ihn umbringen zu können, muss er Mordechai aufgrund dessen Verdiensten für den König höchste Ehren zuteilwerden lassen. Und an dem Galgen, den er für ihn errichtet hat, findet Haman schließlich selbst den Tod, nachdem Ester seine Absichten gegenüber dem König offengelegt hat. Die Komplikation im Verhältnis zwischen Haman und Mordechai wird in diesem Teil der Erzählung aufgelöst. Auf der Ebene des jüdischen Volkes insgesamt ist der Ausgang aber noch offen.

Von der Rettung der Juden im Reich handelt der vierte und letzte Abschnitt des Buches (Est 8,1–10,3). Nach dem Tod Hamans und der Einsetzung Mordechais in seine Stellung ist das Vernichtungsdekret nach wie vor in Kraft. Es kann nicht geändert, sondern nur durch die Erlaubnis ergänzt werden, dass sich die Juden am Tag des von Haman festgelegten Termins gegen ihre Feinde zur Wehr setzen dürfen. Zur Erinnerung an diese Ereignisse und die erfolgreiche Verteidigung wird für die Juden die jährliche Feier des Purimfestes zur Pflicht erhoben. Mit einer summarischen Notiz über die Stellung Mordechais im persischen Reich und innerhalb des jüdischen Volkes (Est 10,1–3) endet die Erzählung.

Zwei Elemente, die die erzählerische Struktur des Buches Ester prägen, fallen in besonderer Weise auf: die wiederholten Gastmähler und das sogenannte »Spiegelprinzip« (*reversal structure*), bei dem literarische Motive in einem gegensätzlichen Verhältnis zueinander stehen.[47]

Von den zehn Gastmählern im weitesten Sinn, die im Buch Ester vorkommen, sind acht jeweils paarweise angeordnet:[48]

I das Gastmahl des Königs für die hohen Amts- und Würdenträger des Reiches (Est 1,2–4)
das Gastmahl des Königs für das Volk in Susa (Est 1,5–8)

---

47 Vgl. Ego, Ester, 16–24.
48 Vgl. Meinhold, Esther, 11.

II das Gastmahl der Waschti für die Frauen (Est 1,9)
das Gastmahl der Ester anlässlich ihrer Hochzeit (Est 2,18)
III erstes Gastmahl der Ester für den König und Haman (Est 5,4–8)
zweites Gastmahl der Ester für den König und Haman (Est 7,1–9)
IV das Fest der Juden in Susa (Est 9,18)
das Fest der Juden im ganzen persischen Reich (Est 9,19)

Hinzu kommen außerdem das Trinkgelage Hamans und des Königs nach der Niederschrift des Erlasses gegen die Juden und seiner Bekanntmachung (Est 3,15) – bei dem allerdings der sonst dafür gebrauchte hebräische Begriff משתה (*mištæ*) fehlt – und das Fest der Juden nach der Erhöhung Mordechais und der Bekanntgabe des Gegenediktes (Est 8,17). Im Kontrast zu den Gastmählern steht das Fasten Esters und der Juden (Est 4,3.16). Auch zwischen einzelnen Festgelagen bzw. Festgelagepaaren bestehen zum Teil kontrastreiche Beziehungen: Das Buch Ester beginnt mit zwei Gastmählern des Königs von Persien, die dem Ausdruck seiner Macht und seines Reichtums dienen, und es endet mit den Feierlichkeiten des Purimfestes der Juden nach ihrer Rettung vor Hass und tödlicher Gewalt ihnen gegenüber. Waschti wird am Ende eines Festes als Königin abgesetzt, Esters Aufstieg zur Königin wiederum mit einem Gelage abgeschlossen. Und Hamans Aufstieg und Fall ist ebenfalls durch zwei Gastmähler (den beiden Gastmählern Esters für ihn und den König) markiert.

Hier wird bereits die Spiegelbildlichkeit deutlich, mit der sich Teile der Erzählung im Buch Ester gegenüberstehen oder entsprechen. Beispielhaft und ohne

Anspruch auf Vollständigkeit können weitere Paare genannt werden:[49]

die Größe des Königs Ahasveros (Est 1,1–8)	die Größe des Königs Ahasveros und Mordechais (Est 10,1–3)
Waschti weigert sich, vor dem König und seinen Gästen zu erscheinen (Est 1,10–12)	Ester erscheint vor dem König, ohne gerufen worden zu sein (Est 4,11.16; 5,1f.)
Ester gibt sich nicht als Jüdin zu erkennen (Est 2,10.20)	Ester gibt sich als Jüdin zu erkennen (Est 7,3f.); Menschen im persischen Reich werden Juden (Est 8,17)
Haman wird Vizekönig (Est 3,1)	Mordechai wird Vizekönig (Est 10,2f.)
alle Bediensteten (außer Mordechai) fallen vor Haman nieder (Est 3,2–6)	Haman fällt vor Ester nieder (Est 7,7f.)
Haman erhält den Siegelring des Königs (Est 3,9)	Mordechai erhält den Siegelring des Königs (Est 8,2)
der Erlass gegen die Juden (Est 3,12)	der Erlass zugunsten der Juden (Est 8,9–12)
Kundgabe des Erlasses und Reaktion in Susa und in den Provinzen (Est 3,13–4,3)	Kundgabe des Erlasses und Reaktion in Susa und in den Provinzen (Est 8,13–17)
Mordechai im Trauergewand (Est 4,1)	Mordechai in königlichem Gewand (Est 6,11; 8,15)
Hamans Vorstellungen von Anerkennung und Ehre, die er sich verspricht (Est 6,7–9)	Haman muss Mordechai diese Ehre und Anerkennung zuteilwerden lassen (Est 6,10f.)
Hamans Gespräch mit Frau und Freunden (Est 5,10–14)	Hamans Gespräch mit Frau und Freunden (Est 6,12f.)

---

49 Vgl. Ego, Ester, 19–23.

Haman errichtet einen Galgen für Mordechai (Est 5,14)	Haman endet an dem Galgen, den er für Mordechai errichtet hat (Est 7,9f.)

Im Detail ergeben sich allerdings verschiedene Möglichkeiten der Zuordnung, was sich auf die Strukturmodelle auswirkt, die daraus abgeleitet werden. Damit verbunden ist die Frage, wo der entscheidende Mittel- oder Wendepunkt in der Erzählung liegt: Ist es das Gespräch zwischen Mordechai und Ester, das Ester schließlich zum riskanten Einsatz für ihr Volk bewegt (Est 4,4–16)? Oder ist es die Ehrung Mordechais anstelle von Haman (Est 6,1–11)? Auch die wider Erwarten positiv verlaufende Audienz Esters beim König (Est 5,1–4) und ihr zweites Gastmahl für ihn und Haman (Est 7,1–6) können in Betracht gezogen werden. Je nachdem, welche Schwerpunkte bei der Gliederung gesetzt werden, fällt die Entscheidung unterschiedlich aus. Das dürfte auch damit zusammenhängen, dass im Buch Ester zwei Erzählfäden miteinander verknüpft sind: der Aufstieg Esters zur Königin und die Rettung des jüdischen Volkes sowie der Konflikt zwischen Haman und Mordechai und dessen Lösung. Den Umschwung nur in einer einzigen Szene zu suchen, wird der komplexen Struktur der Erzählung nur bedingt gerecht.

2. Die Zeitstruktur im Buch Ester

Auf den ersten Blick vermittelt die Erzählung den Eindruck einer dichten und dramatischen Abfolge von Ereignissen und Handlungen. Bei genauerer Betrachtung der Zeitstruktur im Buch Ester ergibt sich jedoch ein etwas anderes Bild.[50] Vom Beginn bis zu dem Moment, in dem das Dekret zur Vernichtung des jüdischen Volkes im persischen Reich erlassen wird, vergehen etliche Jahre. Erst danach beschleunigt sich das Geschehen, und die zeitlichen Abstände werden kürzer. Die entscheidenden Aktivitäten konzentrieren sich auf symbolträchtige 70 Tage zwischen Erlass (13. Tag des ersten Monats, Est 3,12) und Gegenerlass (23. Tag des dritten Monats, Est 8,9) bzw. auf elf Monate von Hamans Loswurf (»im ersten Monat«, Est 3,7) und seinem Dekret (13. Tag des ersten Monats, Est 3,12) bis zum geplanten Pogrom an den Juden (13. Tag des zwölften Monats, Est 3,13).[51]

Das erzählte Geschehen beginnt im *dritten Jahr* der Herrschaft des Königs Ahasveros mit einem 180 Tage langen Fest für die hohen Beamten und Würdenträger des Reiches und den beiden anschließenden siebentägigen Festen – dem Fest des Königs für die Bevölkerung in seiner Residenz und dem Fest der Königin Waschti für die Frauen, an deren Ende es zum Eklat kommt (Est 1,3.5.9f.). Als nächsten absoluten Zeitmarker setzt die Erzählung den Tag, an dem Ester Königin wird. Es ist inzwischen das *siebente Jahr* der Herrschaft des Königs Ahasveros (Est 2,16). Erst zu Beginn des *zwölften Jahres* bestimmt Haman den Tag, an dem die Vernichtung der Juden stattfinden soll (Est 3,7.12). Es ist der 13. Tag des *zwölften Monats*, das entsprechende Schreiben datiert auf den 13. Tag des *ersten Monats*, also elf Monate davor. Aber bereits am 23. Tag des

---

50 Vgl. Ego, Ester, 10f., und Macchi, Ester, 81–83, der aber aufgrund anderer Prämissen teilweise zu anderen Ergebnissen kommt.

51 Zur Symbolik der 70 Tage siehe unten, S. 117. Der Berechnung zugrunde gelegt sind jeweils 30 Tage pro Monat, wie es dem Kalender in babylonisch-persischer Zeit entspricht.

dritten Monats wird der Gegenerlass verfasst (Est 8,9). Da jedoch das Edikt zur Vernichtung des jüdischen Volkes in Kraft bleibt, kommt es am 13. Tag des *zwölften Monats* schließlich zum Kampf der Juden gegen ihre Feinde (Est 9,1), der in der Stadt Susa um einen Tag verlängert wird (Est 9,13–15).

Der Umschwung in der Erzählung geschieht zwischen dem 13.1. und dem 23.3. Hier sind die erzählten Ereignisse zeitlich einander nur relativ zugeordnet. Sie umfassen jedoch nur wenige Tage. Erwähnt werden die drei Tage, die Ester und die Juden in Susa fasten (Est 4,16). Am dritten Tag begibt sich Ester zum König (Est 5,1f.), und es findet das erste von Ester initiierte Trinkgelage mit dem König und Haman statt (Est 5,4–8). Das zweite Trinkgelage ist nicht exakt terminiert. Dazwischen liegen der Bau des Galgens (Est 5,14), die schlaflose Nacht des Königs (Est 6,1), und die Ehrung Mordechais in der Stadt (Est 6,11). Möglicherweise denkt der Erzähler hier tatsächlich an zwei unmittelbar aufeinanderfolgende Tage, die das Schicksal Hamans besiegeln.

Zumindest einige Zeitangaben fallen auf und scheinen bewusst gesetzte Signale zu sein. Dazu gehört der 13. Tag des ersten Monats (Nisan), an dem Haman seinen Erlass zur Vernichtung der Juden im gesamten Reich diktiert und kundgeben lässt (Est 3,12): Das ist der Tag vor dem Pessachfest (14./15. Nisan). Ein Zufall? Die Existenz des jüdischen Volkes wird unmittelbar vor dem Zeitpunkt in Frage gestellt, der durch die Erinnerung an ein Rettungsgeschehen, den Auszug aus Ägypten, positiv besetzt ist. Vorausgesetzt der Erzähler rechnet damit, dass Ester und die Juden in Susa noch am selben Tag mit ihrem dreitägigen Fasten beginnen (Est 4,16), dann überschneidet es sich terminlich mit dem Pessachfest. Was diese Tatsache bedeutet, darüber gehen die Meinungen auseinander.[52] Das Buch Ester erwähnt Pessach nicht. Dass es dieses Fest nicht kennt, ist unwahrscheinlich. Es stellt sich jedoch die Frage, ob es die Feier des Festes in der Diaspora und damit auch auf der Ebene der Figuren in der Erzählung voraussetzt. Berücksichtigt muss außerdem werden, dass Ester am dritten Tag (15. Nisan) nicht nur fastet, sondern auch zum König geht und ihn mit Haman zu einem noch am selben Tag stattfindenden Trinkgelage einlädt (Est 5,1.4f.). Mit diesem – vor dem Hintergrund der Palastregeln (vgl. Est 4,11) eigenmächtigen – Handeln Esters beginnt die Rettung der Juden im Land, so wie mit dem ersten Pessach die Rettung der Israeliten durch den Auszug aus Ägypten beginnt (vgl. Ex 12).[53]

Ein weiteres symbolträchtiges und darum möglicherweise nicht zufälliges Datum könnte der 13. Adar sein. Im Buch Ester ist der 13. Adar der Tag, den Haman als Termin für die Vernichtung der Juden im persischen Reich bestimmt. Sein Edikt bleibt aufgrund der Unveränderlichkeit der Gesetze der »Perser und Meder« auch nach seiner Hinrichtung in Kraft. Aber die Juden dürfen sich gegen ihre Feinde zur Wehr setzen. Und so wird der 13. Adar zum Tag des Sieges über ihre Feinde. Im ersten Buch der Makkabäer, das vom Freiheitskampf des Judas Makkabäus handelt, spielt der 13. Adar eine ähnlich prominente Rolle. Hier ist es der Tag, an dem das Heer des Judas auf das griechische Heer trifft, es besiegt und sein Befehlshaber Nikanor getötet wird (1 Makk 7,43). Anschließend wird der 13. Adar zum jährlichen Feiertag erklärt (1 Makk 7,49). Dass hier ein Zusammenhang besteht, wird allgemein

---

52 Vgl. Hutzli, Ištar und Marduk, 12–15.
53 Vgl. Macchi, Ester, 82f.

angenommen.[54] Der in 2 Makk 15,37 erwähnte »Tag Mordechais« am darauffolgenden 14. Adar entspricht dem Termin des Purimfestes für die Juden außerhalb der Stadt Susa (Est 9,17). Der Gedenktag ist im Buch Ester nicht der Tag des siegreichen Kampfes gegen die Feinde (13. Adar), sondern der darauffolgende Tag.

3. Das Raumkonzept im Buch Ester

Nicht weniger Beachtung verdient das Raumkonzept im Buch Ester. König Ahasveros wird als Herrscher über ein riesiges Reich vorgestellt. Es erstreckt sich »von Indien bis Kusch« und umfasst 127 Provinzen (Est 1,1; vgl. 10,1). Ungeachtet der Frage nach den tatsächlichen historischen Verhältnissen und Dimensionen entsteht hier der Eindruck besonderer Größe. Das Reich als Ganzes kommt in der Erzählung an mehreren Punkten in den Blick: gleich zu Beginn (Est 1,1), dann bei dem Eklat um Waschti (Est 1,16–22), bei der Suche nach einer neuen Königin (Est 2,1–4), bei der Bekanntmachung der beiden Erlasse (Est 3; 8), am Tag des Kampfes der Juden gegen ihre Feinde (Est 9,1–16), bei den Instruktionen zum Purimfest (Est 9,17–32) und in der Schlussnotiz über König Ahasveros in Est 10,1.

Ansonsten konzentriert sich das Geschehen auf die Stadt Susa und den dortigen Königspalast. Mehrere Lokalitäten werden genannt, die sich durch ein abgestuftes System der Öffentlichkeit und Zugänglichkeit auszeichnen. Der Zutritt zum Palastareal ist beschränkt; es herrscht eine strenge Kleiderordnung (Est 4,2). Dem »inneren Hof« gegenüber dem Gebäude, in dem der

---

54 Siehe dazu oben, S. 39 f.

König residiert, darf sich niemand ohne Erlaubnis des Königs nähern (Est 4,11; vgl. 2,14).

Eine der häufigsten Ortsangaben im Buch Ester ist »Susa, die Burg« (Est 1,2.5; 2,3.5.8; 3,15; 8,14; 9,6.11f.). Sie bezieht sich auf die befestigte königliche Residenzstadt im engeren Sinn. Daneben begegnet auch »die Stadt Susa« (Est 3,15; 8,15) oder einfach nur »die Stadt« (Est 4,1; 4,6; 6,9.11), womit ein über die »Burg« oder »Festung« hinausgehendes größeres Areal im Blick zu sein scheint. Tatsächlich bestand die historische Stadt Susa aus mehreren Bezirken, von denen die mit einer Mauer umgebene Königsstadt nur einer gewesen ist.

In der »Burg« befindet sich das »Haus des Königs«. Dieser Ausdruck bezieht sich einerseits auf das Palastareal insgesamt, zu dem mehrere Gebäudekomplexe gehören (Est 2,8f.; 9,4). Gelegentlich scheint damit aber auch nur ein Teil davon gemeint zu sein, nämlich das Gebäude, in dem sich der König aufzuhalten pflegt

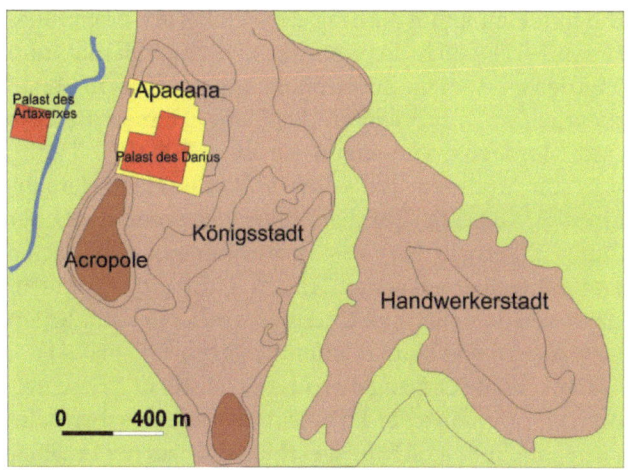

Abb. 3: Schematische Karte der Stadt Susa in persischer Zeit.

(Est 2,13; 5,1). Dafür verwendet der Erzähler manchmal auch die Bezeichnung »Haus der Königsherrschaft« (Est 1,9; 2,16; 5,1). Ihm gegenüber liegt ein »innerer Hof« (Est 5,1 f.; vgl. 4,11). Einen weiteren, »äußeren« Hof (Est 6,4) verortet der Erzähler zwar nicht in Sicht-, aber in Hörweite davon und vor dem »Haus des Königs«. Weiterhin gehören zum Palastareal ein königlicher Garten (Est 7,7 f.) mit einem dazugehörigen Hof (Est 1,5) am »Haus des Trinkgelages« (Est 7,8) sowie ein »Haus der Frauen«, die auf ihre erste Begegnung mit dem König vorbereitet werden (Est 2,3.13). Dieses Gebäude hat ebenfalls einen Hof (Est 2,11). Daneben gibt es ein weiteres »Haus für die Frauen« nach ihrer Rückkehr vom König (Est 2,14).

Der Zugang zum Palastareal erfolgt durch das »Tor des Königs« (Est 2,19; 3,3; 4,2 f.; 5,9; 6,10.12), in dem Mordechai sich aufhält und Dienst tut und wo sich für ihn entscheidende Weichenstellungen ergeben: Hier erfährt er von einer Verschwörung gegen den König (Est 2,21 f.), die er – vermittelt durch Ester – zur Anzeige bringt. Später ist diese Begebenheit Anlass für die Ehre, die ihm Haman im Auftrag des Königs erweisen muss (Est 6,1–11). Auch der Konflikt zwischen Haman und Mordechai steht im Zusammenhang mit Ereignissen in diesem Tor: Dort erweisen die Diener Haman die Ehre und Mordechai verweigert sie ihm (Est 3,2 f.; 5,9.13), was ihm und dem jüdischen Volk den Hass Hamans einträgt. Vor dem »Tor des Königs« liegt der »Platz der Stadt« außerhalb des Palastareals. Hier muss Mordechai warten, weil er mit seiner Trauerkleidung das Tor nicht passieren darf (Est 4,6). Und hier wird er in königlichen Gewändern von Haman öffentlich geehrt (Est 6,9.11).

Obwohl die Ortsangaben im Buch Ester den Beschreibungen orientalischer Paläste in der griechischen Literatur ähneln,[55] ist nicht ausgeschlossen, dass der Erzähler die tatsächlichen Verhältnisse in Susa aus eigener Anschauung gekannt hat. Die Stadt war neben Persepolis, Pasargadae und Ekbatana eine der vier Residenzstädte des persischen Reiches.[56] Dareios I. (522–486 v. Chr.) hatte hier einen riesigen Palast errichtet, der sich über eine Fläche von etwa fünf Hektar erstreckte und auf einer ummauerten Terrasse lag. Im nördlichen Teil befand sich die große, von Säulen getragene Audienzhalle, der Apadana, an den sich im Süden zur Stadt hin ein Gebäudekomplex mit unzähligen Räumen und Höfen anschloss. Die verschiedenen Bereiche waren für die Öffentlichkeit in unterschiedlichem Maße zugänglich. Der Vergleich mit einem Labyrinth in griechischen Quellen ist angesichts der Größe des Palastareals und der komplexen Bebauung sicher nicht aus der Luft gegriffen.

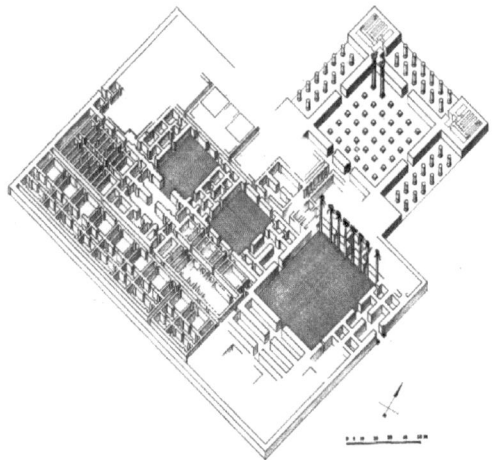

Abb. 4: Axonometrische Darstellung der archäologisch gesicherten Überreste des Palastes von Dareios I. in Susa.

---

55 So Macchi, Ester, 79f.
56 Zum historischen Susa vgl. Cuny, Susa; Knauss, Pasargadae, 103–105.

Die Wände des Palastes waren reich dekoriert und geschmückt mit Reliefs aus unbemalten oder farbig glasierten Ziegelsteinen – eine Technik, die in der Region bereits seit Jahrhunderten praktiziert wurde und von den Persern übernommen worden ist. Zahlreiche der archäologischen Fundstücke, die bei der fast ein Jahrhundert dauernden Ausgrabung von Susa entdeckt wurden, befinden sich heute im Museé du Louvre in Paris.

Abb. 5: Wandfries im Palast von Dareios I. in Susa.

Abb. 6: Säulenkapitell im Palast von Dareios I. in Susa.

4. Durchgang durch den Text

Das Buch Ester ist ein Meisterwerk der Erzählkunst – inhaltlich anspruchsvoll und mit zahlreichen Bezügen zu anderen biblischen Texten. Davon kann im Folgenden nur ein erster Eindruck vermittelt werden. Eine ausführliche Darstellung und exegetische Diskussion bleibt den einschlägigen Kommentarwerken vorbehalten.[57]

---

57 Neben den Kommentaren von Meinhold, Esther, und Ego, Ester, sind u. a. zu nennen: Macchi, Ester, und Wahl, Esther. Ein Kommentar mit jüdischer Perspektive ist Berlin, Esther.

4.1. Ester wird Königin (Est 1,1–2,23)

Bezogen auf das Buch als Ganzes haben die ersten beiden Kapitel die Funktion einer Vorgeschichte. Sie erzählen, wie und warum die Jüdin Ester zur Gemahlin des persischen Königs Ahasveros wird. Dabei führen sie zugleich in die Verhältnisse ein, die im persischen Weltreich und am persischen Königshof herrschen, und die im weiteren Verlauf der Erzählung von Bedeutung sind.

4.1.1. Drei Gastmähler und am Ende keine Königin mehr (Est 1,1–22)

Nirgends ist die Gefahr einer öffentlichen Blamage so groß wie bei Feierlichkeiten mit vielen Beteiligten. Wenn das Bild, das nach außen hin abgegeben werden soll, plötzlich Risse bekommt und in sich zusammenbricht. Da sollen Reichtum und Machtfülle zur Schau gestellt werden, doch dann spielt jemand nicht mit und düpiert den Gastgeber vor der ganzen Versammlung. Betretenes Schweigen tritt an die Stelle ausgelassener Fröhlichkeit.

Es ist ein derartiges Ereignis, mit dem das Buch Ester beginnt. Und schon dieser Anfang steckt voller Ironie: Der große und mächtige König Ahasveros, der Herrscher über ein riesiges Weltreich, hat seine eigene Frau nicht im Griff! Natürlich wird hier mit Übertreibungen gearbeitet. Weder lässt sich das erzählte Geschehen historisch verifizieren, noch werden die im Hintergrund stehenden patriarchalen Strukturen in Frage gestellt. Im Gegenteil: Die Ironie setzt ihre Gültigkeit voraus.

a) Drei Gastmähler (Est 1,1–9)
Mit seinem ersten Teil entführt uns das Buch Ester in eine geradezu märchenhafte orientalische Welt. Wir werden versetzt in die Zeit des persischen Königs Xer-

xes I. (486–465 v. Chr.), der in der hebräischen Fassung der Erzählung Ahasveros heißt – angelehnt an seinen altpersischen Namen Ḫašāyāršā. Eine nähere Erläuterung im Text kennzeichnet Ahasveros als den bekannten Herrscher, dessen riesiges Reich sich von Indien im Osten bis Äthiopien (»Kusch«) im Westen erstreckt und sage und schreibe 127 Provinzen umfasst. Bei der Zahl der Provinzen dürfte es rein symbolisch um die schiere Menge gehen, nicht um die tatsächliche Anzahl und Größe der Verwaltungseinheiten des persischen Reiches. Ahasveros übertrifft damit den babylonischen König Nebukadnezar, der »nur« über 120 Provinzen geherrscht hat (Jdt 1,16). In griechischen Quellen ist von zwanzig persischen Gebietseinheiten die Rede, in persischen sind es bis zu einunddreißig Länder oder Völker. Ungeachtet der genauen Zahl deckt sich der universale Herrschaftsanspruch, der in Est 1,1 zum Ausdruck kommt, auf jeden Fall mit dem Selbstbild der persischen Großkönige.[58]

Den zeitlichen Startpunkt bildet das dritte Jahr der Herrschaft des Königs. Aus einem nicht genannten Anlass heraus veranstaltet Ahasveros ein Gastmahl für die Repräsentanten seines Reiches. Dass es keinen konkreten Grund dafür braucht und die mit 180 Tagen (ein halbes Jahr!) überdimensionale Dauer passen in das Bild der feier- und trinkfreudigen Perser, das hier gezeichnet werden soll. Gleichwohl spielte das Gastmahl im Rahmen der Herrschaftsideologie und Diplomatie im persischen Reich historisch betrachtet tatsächlich eine wichtige Rolle.[59] Manche Ausleger beziehen die

---

58 Vgl. Ego, Ester, 98–107.
59 Siehe dazu Brosius, Zeremonien, 80 f., sowie Ego, Ester, 109–112. Zur literarischen Funktion der Gastmähler im Buch Ester siehe oben, S. 49 f.

Zeitangabe auf die Festigung der Herrschaft von Xerxes I. nach anfänglichen Aufständen im Reich und sehen die Feier der (endgültigen) Thronbesteigung als impliziten Anlass der Gastmähler in Kap. 1.

Das Gastmahl des Königs für die hohen Amts- und Würdenträger des Reiches dient der Demonstration seiner Macht und seines Reichtums. Es geht am Ende über in ein mit sieben Tagen wesentlich kürzeres Gastmahl für die Bevölkerung der Residenzstadt Susa. Für dessen Beschreibung lässt der Erzähler sich allerdings deutlich mehr Zeit. Fand das erste Gastmahl an einem

Abb. 7: Persisches Trinkgefäß, Gold, Höhe ca. 17 cm.

unbekannten Ort hinter verschlossenen Türen statt, richtet sich das zweite an eine breite Öffentlichkeit und entsprechend viel gibt es zu sehen und zu berichten. Detailliert und mit seltenen Wörtern stellt der Erzähler die exklusive und luxuriöse Ausstattung des königlichen Palastgartens in Susa vor, wo sich die Gäste versammeln: die Dekoration aus edlen Stoffen, die Säulen und Fußböden aus kostbarem Material, die Möbel und die Trinkgefäße, den Wein. Und er geht auf die Art und Weise ein, wie gefeiert wird. Es habe, so Est 1,8, keinen »Trinkzwang« gegeben, was sonst offenbar bei solchen Anlässen der Fall gewesen ist.[60] Die Großzügigkeit des Königs äußert sich also nicht nur in materieller Hinsicht, sondern schließt die Entscheidungsfreiheit der Festteilnehmer ein.

Beinahe lapidar und beiläufig wirkt die Notiz, dass auch die Königin Waschti im Palast ein Gastmahl veranstaltete (Est 1,9). Dass Frauen und Männer getrennt feiern, ist ursprünglich keine orientalische, sondern eine griechisch-hellenistische Gepflogenheit. Möglicherweise scheint hier der zeitgeschichtliche Hintergrund durch, in der Erzähler und erste Leser sich befinden: Es ist nicht die persische, sondern die anschließende griechisch-hellenistische Epoche. Im Buch Ester stellt die strenge räumliche Trennung der Geschlechter freilich auch ein literarisches Motiv dar, das zur Steigerung der Spannung dient: Es ist selbst für die Königin nicht ohne Weiteres möglich, zum König zu gelangen. Später steht vor diesem Hintergrund die Frage im Raum, ob und wie es Ester schließlich doch gelingen wird.

---

60 Ego, Ester, 120, nennt einige Beispiele, bei denen dies aus persischen Quellen hervorgeht.

b) Waschtis Weigerung und Konsequenzen
(Est 1,10–22)

An dem Gastmahl für die Frauen hat der Erzähler sichtlich nur wenig Interesse. Es scheint ihm zu genügen, dass er an dieser Stelle die Figur der Königin Waschti in die Erzählung einführen kann. Und er braucht ihr separates Gastmahl mit den Frauen, damit überhaupt das Problem entsteht, das er im Folgenden schildert. Am siebenten und letzten Tag des Gastmahls für die Einwohner der Stadt Susa soll Waschti vor dem König erscheinen. Die politischen Honoratioren und Würdenträger seines Reiches, die bereits an dem vorhergehenden Gastmahl teilgenommen haben, sind ebenfalls anwesend gedacht. Nach all der Pracht und Herrlichkeit, die sie zu sehen bekommen haben, sollen alle miteinander nun die Königin in ihrer Schönheit bestaunen. Wenn es zutrifft, dass der Name Waschti in der persischen Sprache so viel wie »die Beste« bedeutet,[61] dann kann ihr Auftritt vielleicht als der glanzvolle Höhepunkt bezeichnet werden. Es soll allerdings anders kommen.

Durch insgesamt sieben Kammerdiener, die hier alle namentlich genannt werden, lässt der bereits sehr stark vom Alkohol beeinflusste König Waschti holen. Ausdrücklich wird ihr königlicher Kopfschmuck erwähnt, den sie dabei tragen soll. Dessen Aussehen und Beschaffenheit ist lange diskutiert worden. Am ehesten ist wohl an ein Diadem, ein um den Kopf geschlungenes Band, zu denken.[62]

Doch Waschti weigert sich, vor dem König und den versammelten Gästen zu erscheinen. Was ihre Beweg-

---

61 Vgl. Meinhold, Esther, 26.
62 Ego, Ester, 136–139.

gründe sein könnten und wie diese zu beurteilen sind, darüber ist viel spekuliert und diskutiert worden. Nichts im Text deutet darauf hin, dass Waschti sich etwa nur mit ihrem königlichen Diadem auf dem Haupt, ansonsten aber völlig nackt habe präsentieren sollen. Diese Vorstellung findet sich erst in der rabbinischen Literatur, wo die Königin ein extrem negatives Image besitzt.[63] Der masoretische Text schildert das Geschehen wertfrei und schweigt zu den Gründen, die Waschti für ihr Verhalten gehabt haben könnte. Am Ende geht es dem Erzähler vor allem darum, den Weg möglichst schnell frei zu machen, damit Ester Königin werden und ihr jüdisches Volk retten kann. Es gehört zu den typischen narrativen Mustern in Erzählungen wie dem Buch Ester, dass ihre jüdischen Protagonisten auf überraschende und unvorhergesehene Weise in die Position gelangen, in der sie zum Wohle ihres Volkes und am Ende auch des ganzen Landes wirken können.

Historisch betrachtet gibt es von einer persischen Königin Waschti keine Spur. Den griechischen Quellen zufolge hieß die Gemahlin des Königs Xerxes I. Amestris. Politisch spielten die Königinnen im persischen Reich eine nicht unbedeutende Rolle. Ihre Funktion beschränkte sich keineswegs nur auf das Repräsentative. Sie hielten eigene Audienzen ab, unternahmen Reisen, hatten diplomatische Aufgaben und fungierten als Fürsprecherinnen und Vermittlerinnen.[64]

Im Buch Ester ist mit Waschtis Weigerung die Party abrupt zu Ende. Was das Trinken angeht, sollte bei dem Gastmahl Zwanglosigkeit herrschen (vgl. Est 1,8).

---

63 Siehe dazu unten, S. 159.
64 Vgl. dazu Brosius, Frauen, sowie dies., Zeremonien, 81.

Waschti dagegen darf nicht selbst entscheiden, was sie tut oder lässt. Die gute Laune des Königs (vgl. Est 1,10) schlägt in ihr Gegenteil um. Trotz aller Emotionalität legt der Erzähler aber dennoch Wert darauf zu betonen, dass Ahasveros so verfährt, wie es der üblichen Vorgehensweise entspricht: Er zieht seine Berater hinzu, die den Fall juristisch bewerten und klären sollen. So entsteht ein äußerst ambivalentes Bild des Königs und der königlichen Macht, das sich auch an anderen Stellen im Buch Ester beobachten lässt. Ahasveros wird als ein durchaus gerechter Herrscher beschrieben, der sich jedoch in seinen Entscheidungen leicht von anderen beeinflussen lässt und kein eigenes Urteilsempfinden zu haben scheint.

Dass dem persischen König ein siebenköpfiges Beratergremium zur Seite stand, wissen auch außerbiblische Zeugnisse.[65] Im Unterschied zu den in Est 1,10 erwähnten Kammerdienern handelt es sich bei den in Est 1,13f. erwähnten Personen um ranghohe Beamte, die als engste Vertraute des Königs und als ausgewiesene Kenner der rechtlichen und politischen Materie vorgestellt werden. Ihre Namen passen in das persische Milieu, das der Erzähler vermitteln will. Umso erstaunlicher, dass Haman an dieser Stelle fehlt.

Auf die Frage des Königs, was »nach dem Gesetz« mit Waschti zu tun sei, meldet sich Memuchan zu Wort. In seiner langen und äußerst suggestiven Rede (Est 1,16–20) macht er aus der Weigerung Waschtis ein Problem, das das gesamte Reich betrifft und in seinen Grundfesten erschüttert. Der Vorfall wird generalisiert und dramatisiert. Der Kontrast zwischen der Ernsthaf-

---

65 Ego, Ester, 146f.

tigkeit, mit der die Rede vorgetragen wird, und der Ironie und Komik, die in dieser Szene insgesamt stecken, könnte größer nicht sein. Als Gegenmaßnahme schlägt Memuchan die sofortige Absetzung Waschtis als Königin vor: Weil sie nicht vor dem König erschienen ist, soll sie nicht mehr vor dem König erscheinen dürfen, eine »Bessere« soll an ihrer Stelle Königin werden. Neben einem möglichen Spiel mit dem Namen Waschti (»die Beste«) verweist der Erzähler hier bereits auf Ester, die sich in einem ganz anderen Sinn als »besser« erweisen wird.

Entsprechend den Implikationen für das gesamte Reich empfiehlt Memuchan die Aufnahme des Erlasses gegen Waschti in das »Gesetz der Perser und Meder«. Dessen Unveränderlichkeit ist ein Motiv, das im Buch Ester und im Buch Daniel häufiger begegnet, aber nur wenig den historischen Tatsachen entspricht. In Est 1,19 liegt zudem ein etwas anderer hebräischer Wortlaut vor, der den verbotenen Verstoß gegen das Gebot im Blick hat.[66] Das Vorgehen gegen Waschti soll abschreckende Wirkung haben, es zielt vor allem auf das Verhalten der Frauen gegenüber ihren Männern. Auf diese Intention des Gesetzes konzentriert sich auch die Ausführungsnotiz am Ende des ersten Kapitels, die auf den eigentlichen Inhalt (die Absetzung Waschtis) nicht mehr eingeht. Der erste Teil der Formulierung (»dass der Mann Herr im Hause sei«) ist sprichwörtlich geworden. Die zweite, sprachlich schwierigere Aussage in Est 1,22 handelt von der Übersetzung der königlichen Anordnung in die jeweilige Sprache der Adressaten. Entsprechend seiner Tragweite wird der Erlass des Königs im ganzen Land bekannt gemacht. Dabei

---

66   So Ego, Ester 148.

hat der Erzähler sowohl die ethnische und sprachliche Vielfalt im persischen Reich im Blick als auch das ausgeklügelte und perfekt funktionierende Postsystem, das in der Lage war, Informationen in kürzester Zeit zu übermitteln.[67]

4.1.2. Die Jüdin Ester wird Königin, gibt aber ihre wahre Identität nicht preis (Est 2,1–20)

In der Rede des königlichen Beamten und Beraters Memuchan deutete sich die Suche nach einer neuen Königin anstelle von Waschti bereits an (Est 1,19). Sie geschieht jetzt, wo sich nach einer nicht näher bestimmten Zeit der Zorn des Königs gelegt hat und er nun offenbar eine Königin vermisst. Hier ist reichlich Platz für Spekulationen über seinen Gemütszustand und zu der Frage, welche militärischen Niederlagen des historischen Xerxes I. der Erzähler an dieser Stelle möglicherweise als bekannt voraussetzt.[68] Ob der König Mitleid mit Waschti hat, muss ebenfalls offen bleiben. All diese Überlegungen sind wenig zielführend und vergessen den narrativen Plot der Erzählung. Der sieht die Besetzung der vakanten Position der Königin vor und läuft zielgerichtet darauf zu.

Die Art und Weise wie das geschieht, wird sehr ausführlich dargestellt und wirkt sehr umständlich. Statt dass Ahasveros einfach eine andere Frau aus seinem Harem zur Königin macht, wird ein reichsweiter Schönheitswettbewerb durchgeführt. Auch hier spielt das Märchenhafte und das Wunderbare die entscheidende Rolle. Persische Könige pflegten ihre Gemahlinnen aufgrund ihrer Abstammung auszusuchen. Sie

---

67 Vgl. Ego, Ester, 151f.
68 Vgl. Meinhold, Esther, 30; Ego, Ester, 162.

praktizierten wie andere Herrscher vor und nach ihnen auch eine Heiratsdiplomatie.[69] Für den Erzähler des Ester-Buches ist es aber wichtig, das Außergewöhnliche und das Besondere an der Wahl der Jüdin Ester zur persischen Königin zu betonen.

a) Königin gesucht (Est 2,1–4)
Wieder ist es nicht Ahasveros selbst, der die Lösung für das vorliegende Problem findet. Seine Diener haben die Idee, einen Schönheitswettbewerb zu veranstalten und auf diesem Weg eine neue Königin zu finden. Mit ihren Worten deuten sie bereits die besonderen Maßnahmen an, die den Frauen zuteilwerden sollen. Neben der Schönheitspflege mit entsprechenden kosmetischen Stoffen gehört dazu auch die räumliche Absonderung in einem bestimmten Teil des Palastareals in der Residenzstadt Susa, der unter der Aufsicht eines Mannes namens Hegai steht. Beide Sachverhalte werden im Buch Ester auch später noch eine Rolle spielen. Doch zunächst werden mit Mordechai und Ester zwei weitere Hauptfiguren des Buches Ester in die Erzählung eingeführt.

b) Die jüdischen Protagonisten (Est 2,5–7)
Auffällig daran ist, dass diese Einführung den narrativen Fluss des Textes unterbricht. Der Leser erwartet an dieser Stelle eigentlich die Vorstellung Esters. Zwar geschieht diese auch, aber sie erfolgt indirekt über die Person Mordechais. In der Forschung hat die Rolle Mordechais im Buch Ester immer wieder zu der Vermutung Anlass gegeben, dass hier möglicherweise eine ältere Erzählung verarbeitet worden ist, in der Ester gar

---

69   Siehe dazu Brosius, Frauen.

nicht vorkommt. Der Konflikt zwischen Mordechai und Haman spricht durchaus dafür. Doch seine Lösung wiederum ist ohne die Figur Esters und ihre Intervention beim König nicht denkbar. Insofern bleibt die Frage nach den literarischen Quellen und Vorstufen des Buches Ester ein nach wie vor ungelöstes und kompliziertes Problem.

Die Aussagen über Mordechai (und Ester), die in Est 2,5–7 gemacht werden, enthalten bewusst gesetzte Signale, die für das Selbstverständnis des Buches Ester nicht unwichtig sind. Dazu gehört zunächst, dass Mordechai als »Jude« bezeichnet und als Angehöriger des Stammes Benjamin vorgestellt wird, dessen Vorfahren nach der ersten Eroberung Jerusalems während der Herrschaft des Königs Jojachin von Juda im Jahr 597 v. Chr. in das babylonische Exil deportiert worden sind.[70] Damit zeigt das Buch seine Nähe zu anderen Teilen der alttestamentlichen Literatur, für die vor allem dieser Teil der babylonischen Gola (der Judäer im Exil) eine wesentliche Rolle spielt (z. B. Ezechiel, Daniel). Mordechais Bezeichnung als Benjaminit gewinnt eine tiefere Bedeutung im Zusammenhang mit dem Namen seines Gegenspielers Haman. Denn mit Schimi und Kisch werden zwei Ahnen Mordechais genannt, die einen Bezug zur benjaminitischen Sippe des Königs Saul haben. Und Hamans Bezeichnung als »Agagiter« (Est 3,1) legt eine Spur zum Volk der Amalekiter, den Erzfeinden der Israeliten (Ex 17,8–16). Agag ist deren König und Widersacher Sauls (1 Sam 15). Auch wenn

---

70 Würde sich die Aussage von der Wegführung auf Mordechai selbst beziehen, wäre er zum Zeitpunkt der Handlung bereits 120 Jahre alt. Meist wird sie daher auf seine Familie bezogen, vgl. Ego, Ester, 166.

diese Bezüge sprachlich im Buch Ester nie ausdrücklich formuliert werden, dürften sie kaum zufällig sein. Der Erzähler sieht in den Ereignissen, von denen das Buch Ester handelt, im Prinzip einen archetypischen Urkonflikt in der Geschichte des Gottesvolkes durchscheinen. Mindestens ebenso wichtig ist ihm der Hinweis auf die Exils- bzw. Diasporasituation, die er mehrfach explizit anspricht. Damit ordnet er die Erzählung nicht nur geschichtlich ein, sondern er setzt auch ein theologisches Signal: Es geht um die Gefährdung und die Bewahrung des jüdischen Volkes in der Fremde.

Die zweite jüdische Hauptperson – Ester – wird als Waise vorgestellt, die von Mordechai, ihrem Cousin, erzogen worden sei. Nach dem Tod ihrer Eltern habe Mordechai Ester als Tochter zu sich genommen – eine Praxis, die zumindest laut altorientalischem Recht üblich gewesen ist. Ob Mordechai verheiratet war und noch leibliche Kinder hatte, erfahren wir nicht. Auch zu den Namen der Eltern Esters schweigt sich der Erzähler an dieser Stelle aus. Fragen nach einem möglichen historischen Haftpunkt der Figur Esters lassen sich ohnehin nur schwer beantworten. Der Vergleich mit anderen Rettergestalten in der Hebräischen Bibel zeigt, dass Brüche und Lücken im Stammbaum zum typischen Bild des Helden bzw. der Heldin gehören. Auch die Eltern von Mose bleiben in Ex 2,1 namenlos, und Mose wächst später als Findelkind einer ägyptischen Prinzessin auf (Ex 2,10). Gleiches gilt für die Schönheit, die von Ester in doppelter Weise ausgesagt wird: Mose (Ex 2,2), Josef (Gen 39,6), Saul (1 Sam 9,2) und David (1 Sam 17,42) – allesamt herausragende Führungsfiguren ihres Volkes – galten ebenfalls als »schön«. Da Ester als Waise zu den *personae miserae* auf der untersten sozialen Stufe der Gesellschaft gehört, entsteht ein starker Kontrast zu ihrer späteren Position als Königin.

Rätsel geben schließlich auch die beiden Namen Esters auf. Sowohl was ihre sprachliche Herleitung angeht als auch hinsichtlich der Frage, welcher ihr ursprünglicher Name war und in welchem Zusammenhang die Belegung mit dem zweiten Namen zu sehen ist. Wieder zeigt der Vergleich mit ähnlichen Texten der Hebräischen Bibel, dass bei Protagonisten in Erzählungen, die im Kontext der Diaspora spielen, zwei Namen keine Seltenheit sind (vgl. Josef: Gen 41,45 und Daniel: Dan 1,7). Der Name Hadassa scheint ein hebräischer Name zu sein, der sich von dem Wort *hădas* – »Myrte« ableitet (vgl. Sach 1,8). Ester dagegen wird meist als mit der babylonischen Göttin Ištar verbundener Name gedeutet, was am plausibelsten ist.[71]

c) Esters Aufstieg (Est 2,8–20)
Nach der Vorstellung der beiden jüdischen Hauptpersonen wird der übergeordnete Erzählfaden wieder aufgenommen. Das Prozedere, mit dem die neue Königin gefunden werden soll, beginnt. Zu den Frauen, die in die engere Wahl kommen und in den für sie vorgesehenen Bereich des Palastareals gebracht werden, gehört auch Ester. Ihre Schönheit und Anmut, die sie dafür qualifizieren, hatte der Erzähler bereits erwähnt (Est 2,7). Es gelingt Ester, die Gunst des Aufsehers Hegai zu gewinnen und entsprechende Vorzüge zu genießen. Sie bekommt sieben Dienerinnen und den besten Platz im Haus der Frauen. Die Formulierung im hebräischen Text lässt wenig Zweifel daran, dass diese Entwicklung mehr als nur ein Vorgang ist, den Ester

---

71 Vgl. Meinhold, Esther, 34; Hutzli, Ištar und Marduk, 7–9, sowie oben, S. 34.

passiv an sich erfährt: Sprachlich unterstellt der Erzähler ihr eine aktive Beteiligung.[72]

Esters Aufstieg erfolgt in mehreren Schritten: Sie gefällt zunächst dem Aufseher des Frauenhauses (Est 2,9), dann allen, die sie sehen (Est 2,15). Zum Schluss ist es der König Ahasveros, der Ester mehr liebt als alle Frauen und sie zur Königin macht (Est 2,17). Diese Aufstiegsgeschichte erinnert an vergleichbare Abschnitte in der Josefsgeschichte (Gen 39f.) und im Daniel-Buch (Dan 1–6). Josef und Daniel ernten Sympathie und bekommen verantwortungsvolle Ämter übertragen. Es fallen jedoch auch Unterschiede auf: Im Buch Ester wird die jüdische Herkunft der Protagonistin zum Problem. Der Grund, weshalb Mordechai Ester verbietet, sie zu offenbaren, erschließt sich an dieser Stelle der Erzählung zwar noch nicht. Die Maßnahme erweist sich letztlich auch als nicht zielführend, weil Ester ihre Herkunft dem König mitteilen muss, um ihr Volk zu retten. Aber vor dem Hintergrund der Pläne Hamans erscheint sie zunächst als taktisch klug. Dass der künftige Retter seine Herkunft verheimlichen muss, um nicht selbst der Verfolgung zum Opfer zu fallen, begegnet als Motiv auch bei Mose (vgl. Ex 2).

Ein weiterer Unterschied zur Josefsgeschichte und zu den Daniel-Legenden besteht darin, dass die Protagonistin des Buches Ester eine Frau ist und diese Frau – Ester – trotz ihres Aufstiegs Männern untergeordnet bleibt: Hegai, Ahasveros, Mordechai.[73] In Est 2,10f. äußert sich dieses Verhältnis zu Mordechai konkret darin, dass Ester sich an sein Gebot bezüglich ihrer Herkunft hält und er sich täglich nach ihrem Ergehen erkundigt

---

72 Vgl. Meinhold, Esther, 36.
73 Vgl. Meinhold, Esther, 32.

(vgl. Est 2,19f.). Das Buch Ester handelt genau genommen von zwei Aufstiegen: von dem Esters und dem Mordechais, wobei der Aufstieg Esters kein Selbstzweck ist, sondern einem höheren Ziel – der Rettung ihres Volkes – dient. Davon verrät der Erzähler freilich noch nichts.

Bevor es zur Begegnung zwischen Ester und dem König kommt, erfährt der Leser, wie sie und die anderen jungen Frauen auf diesen Moment vorbereitet werden und wie der Ablauf ist (Est 2,12–14). Den Schwerpunkt bildet vor allem die kosmetische Behandlung mit verschiedenen Salbölen und Duftstoffen nach einem genauen Zeitplan über nicht weniger als ein ganzes Jahr hinweg. Andere denkbare Maßnahmen wie etwa besondere Kost oder die Unterweisung in höfischer Etikette werden nicht genannt. Nach Ablauf der Vorbereitungszeit begeben sich die jungen Frauen nacheinander zum König und verbringen mit ihm jeweils eine Nacht. Was sie sich dafür wünschen – offenbar ist an Kleidung und Schmuck gedacht –, wird ihnen mitgegeben. Anschließend wechseln sie in ein anderes Gebäude für die (Neben-)Frauen des Königs. Nur auf seinen ausdrücklichen Wunsch hin dürfen sie erneut vor ihm erscheinen. Abgesehen von dem luxuriösen Eindruck, der bei der Vorbereitung der Frauen vermittelt werden soll, enthält der Text eine ganze Reihe von erotischen und sexuellen Anspielungen.[74] Neben Bezügen zu anderen biblischen Texten gibt es hier wie so oft im Buch Ester Motivparallelen auch zur griechischen Literatur über die Perser.

Für den Erzähler ist das Geschilderte natürlich nur als Hintergrund für den besonderen Auftritt Esters in-

---

74 Vgl. Ego, Ester, 173f.

teressant (Est 2,15–17). Dass er jetzt sogar den Namen ihres Vaters erwähnt, fällt auf. Das könnte als positives Vorzeichen für den Erfolg Esters und ihrer späteren Mission zu verstehen sein, als Hinweis auf den göttlichen Vater, der hinter ihr steht. (Der Name Abihajil bedeutet »Mein Vater ist stark«.) Im Unterschied zu den anderen Bewerberinnen wird Ester beraten, was sie zum König mitnehmen soll. Ob hier ihre selbstlose Bescheidenheit und damit ein Kontrast zwischen minimalem Aufwand und größtmöglichem Erfolg zum Ausdruck gebracht werden soll oder das zielgerichtete Eingehen auf die Vorlieben des Königs oder beides, lässt sich nur schwer entscheiden.[75] Ester gewinnt jedenfalls die Gunst »aller, die sie sahen« (Est 2,15). Und das gilt schließlich auch für den König. Dass Ester nicht wie die anderen Frauen in das Haus des Königs, sondern gleich in den Thronsaal (das »Haus seines Königtums«) gebracht wird, nimmt den Aufstieg Esters und ihre Krönung vorweg. Ihre Auszeichnung ist umfassend: Der König liebt sie mehr als alle anderen Frauen, sie findet ein größeres Maß an Gunst, sie erhält das königliche Diadem, sie wird Königin an Waschtis Stelle.

Mit diesem Aufstieg Esters schließt sich ein erster Spannungsbogen in der Erzählung. Als Ausdruck der besonderen Bedeutung dieses denkwürdigen Ereignisses nennt der Erzähler ein Datum (den 10. Monat im siebenten Jahr der Herrschaft des Königs Ahasveros). Seit dem Vorfall mit Waschti sind nach dieser Zählung also fünf Jahre vergangen, und bis zum Auftreten Hamans sollen noch einmal fünf Jahre vergehen. Anlässlich der Krönung Esters veranstaltet der König ein

---

75 Auch Daniel sieht immer wohlgenährter aus, obwohl er freiwillig auf Essen verzichtet, vgl. Dan 1,8–16.

Gastmahl, das sich durch seine Bezeichnung als »groß« und hinsichtlich der geladenen Gäste (»Fürsten und Diener«) an das erste Gastmahl im Buch Ester anlehnt (vgl. Est 1,3). Es wird nach der neuen Königin benannt. Und dass Esters Wahl zur Königin dem gesamten Reich gut tut, unterstreichen die »Ruhe«, die der König ihm aus diesem Anlass gewährt, und die Geschenke, die er verteilt. Man wird dabei an einen Steuererlass zu denken haben.[76]

Die anschließenden Notizen (Est 2,19f.) wirken zunächst wie eine Doppelung zu Est 2,8–10 und eine abschließende Klammer zum Anfang des Kapitels (Est 2,1–4). Sie enthalten aber Informationen, die für den weiteren Verlauf der Erzählung wichtig sind. Dazu gehört die Aussage über den Aufenthalt Mordechais im (wörtlich) »Tor des Königs«, womit im doppelten Sinn seine Stellung am königlichen Hof zur Sprache gebracht wird. Mordechai hat nicht nur Zugang zu einem bestimmten Bereich des Palastareals, sondern bekleidet offenbar dort auch eine bestimmte Funktion. Er gehört also zum königlichen Personal, was für Menschen ausländischer Herkunft, darunter auch Judäer, nichts Ungewöhnliches war (vgl. Daniel, Nehemia). An welche Funktion genau der Erzähler dabei denkt, bleibt freilich offen. Zum anderen macht er in diesem kurzen Abschnitt deutlich, dass das bisherige Verhältnis zwischen Mordechai und Ester insofern weiter bestehen bleibt, als sie sich auch als Königin an seine Weisung bezüglich ihrer Herkunft hält. Diesen zuverlässigen Kanal in die inneren Kreise der Macht, den der Erzähler damit andeutet,[77] wird es noch brauchen.

---

76 Vgl. Meinhold, Esther, 38; Ego, Ester, 176f.
77 Zu dieser Funktion der Notiz vgl. Meinhold, Esther, 39.

Doch zunächst lässt er Mordechai und Ester eine Verschwörung gegen den König aufdecken und so ihre Loyalität ihm gegenüber unter Beweis stellen. Noch bevor irgendetwas anderes geschieht, retten die beiden erst einmal den König vor seinen Gegnern.

4.1.3. Mordechai und Ester beweisen ihre Loyalität gegenüber dem König (Est 2,21–23)

Intrigen und Verschwörungen gehören zum höfischen Milieu und damit auch zu Erzählungen, die in diesem Milieu spielen. Der Vergleich mit der Josefsgeschichte zeigt aber, dass die vermeintliche oder tatsächliche Verschwörung von Angehörigen des Palastes gegen den König ein literarisches Motiv solcher Aufstiegserzählungen darstellt. Die Vorfälle nutzen den Protagonisten, indem diese sich in diesem Moment bewähren können und so eine wesentliche Voraussetzung für ihre (weitere) Erhöhung schaffen. Dass diese Erhöhung sowohl in der Josefsgeschichte als auch im Buch Ester nicht unmittelbar auf dem Fuße folgt, gehört mit dazu. Josef deutet im Gefängnis die Träume des Mundschenks und des Bäckers. Seine Deutung bewahrheitet sich, aber erst viele Jahre später – und doch im richtigen Augenblick – erinnert sich der Mundschenk wieder an Josef (Gen 40f.). Auch als Mordechai und Ester die Verschwörung gegen Ahasveros aufdecken, geschieht erst einmal nichts. Nur die Erinnerung daran wird schriftlich festgehalten und viel später wieder aufgegriffen (Est 6,1–11).

Neben der Funktion, dass sie den Aufstieg Mordechais begründet, hat die Episode in Est 2,21–23 auch noch eine weitere Bedeutung. Sie zeigt die Treue und Loyalität von Juden gegenüber dem persischen Staat und dem persischen König und straft so die späteren Behauptungen Hamans Lügen. Seine Anschuldigung, die Juden im persischen Reich seien Feinde des Staates (Est 3,8), wird hier im Vorfeld bereits eindrucksvoll widerlegt. Historisch betrachtet gibt es zahlreiche außerbiblische Belege dafür, dass Juden Teil der persischen Gesellschaft waren und auch höhere Ämter bekleiden konnten. Die Namen Mordechai und Ester, die beide nicht hebräischen Ursprungs sind,[78] zeugen davon, dass auch der Erzähler des Ester-Buches dies unter bestimmten Voraussetzungen für eine realistische und legitime Möglichkeit hält.

Vor dem Hintergrund anderslautender Aussagen im Buch Ester (Est 4,11.16) ist darüber hinaus interessant, wie wenig kompliziert es für Ester zu sein scheint, sich Zugang zum König zu verschaffen. Das gilt ebenso für die Kommunikation zwischen Mordechai und Ester, die in Est 4,5–16 mit mehr Hürden versehen ist als hier. Die Bezeichnung der beiden Verschwörer als »Hüter der Schwelle« (Est 2,21) legt die Vermutung nahe, dass es sich um Wachtposten im Eingangsbereich zum königlichen Palast handelt. Möglicherweise versahen sie ihren Dienst ebenfalls im »Tor des Königs«, wo sich auch Mordechai aufhält. Diese räumliche Nähe würde es plausibel machen, dass Mordechai von den Plänen der beiden erfahren hat (Est 2,22). Mit dem »Tor des Königs« ist der Zugang zum Palastareal gemeint, wo königliche Bedienstete den Publikumsverkehr regeln.[79] Genaue Angaben zu den Plänen der Verschwörer braucht der Erzähler nicht zu machen, da es sich um ein verbreitetes literarisches Motiv handelt, das seine Glaubwürdigkeit und Überzeugungskraft nicht erst unter Beweis stellen muss. Die Übeltäter bekommen

---

78 Siehe dazu oben, S. 34.74.
79 Vgl. Ego, Ester, 181–183.

ihre Strafe, der Vorfall wird schriftlich festgehalten (Est 2,23). Eine Belohnung für seine Verdienste erhält Mordechai an dieser Stelle wider Erwarten nicht. Statt Mordechai macht der König einen anderen, den Haman, »groß« (Est 3,1).

4.2. Haman plant die Vernichtung der Juden (Est 3,1–4,17)

Mit dem Aufstieg Esters zur Königin sowie ihrem und Mordechais Loyalitätsbeweis ist in der hebräischen Fassung des Buches Ester die Vorgeschichte beendet. Zwar handelte auch sie bereits von verschiedenen Komplikationen und deren Lösung (der Fall Waschtis und die Suche nach einer neuen Königin, die Verschwörung der beiden Eunuchen und ihre Aufdeckung), hatte also selbst schon ihre Spannungsbögen, doch warum das alles erzählt wird und erzählenswert ist, bleibt an dieser Stelle noch offen. Mit dem Auftreten Hamans ändert sich das.

4.2.1. Haman wird Vizekönig, aber Mordechai versagt ihm die Ehrerbietung (Est 3,1–4)

Das zentrale krisenhafte Ereignis und dessen Bewältigung, um die es im Buch Ester geht, hat mit Haman zu tun, der jetzt als letzte Hauptfigur in die Erzählung eingeführt wird. Er betritt die Bühne relativ unvermittelt. Angesichts der hohen Stellung, in die er von König Ahasveros eingesetzt wird, hätte man die Erwähnung Hamans unter den wichtigsten Beamten und Würdenträgern des Reiches in Est 1 erwartet. Die Gründe für Hamans Beförderung durch den König lässt der Erzähler offen. Möglicherweise handelt es sich hier um ein sehr beredtes Schweigen, und der Erzähler will damit sagen, dass den Haman eigentlich nichts für die ihm verliehene herausragende Position qualifiziert und Ahasveros wieder nur aus einer Laune heraus Entscheidungen getroffen hat – mit verheerenden Konsequenzen. Für diese Vermutung sprechen der Kontrast und die Konkurrenz, die dadurch zwischen Haman und Mordechai entstehen. Sie sind ein wesentliches Element in dem Konflikt, der im Folgenden geschildert wird. Mordechai jedenfalls hat bereits verdienstvoll gehandelt, ohne dass er dafür angemessen geehrt worden ist (Est 2,21–23).[80]

Die Angaben zu Haman sind auf das Nötigste beschränkt. Wie der Erzähler zu dem Namen kommt, lässt sich nur schwer rekonstruieren. Manches spricht für die Herleitung von einem altpersischen Wort mit der Bedeutung »der Große«,[81] was im Kontext des Ester-Buches angesichts des Aufstiegs Hamans und seines Falls letztlich nur ironisch gemeint sein kann. Wesentlich eindeutiger ist dagegen die Spur, die in Est 3,1 mit der Bezeichnung »Agagiter« gelegt wird. Sie leitet sich ab von dem Namen Agag. Es besteht kaum Zweifel, dass damit der König der Amalekiter gemeint ist, die in der Hebräischen Bibel eine unrühmliche Rolle als Erzfeinde der Israeliten spielen (vgl. Ex 17,8–16; Num 24,5–7.20; Dtn 25,17–19; 1 Sam 15,1–9).[82] Haman soll also als Nachkomme dieses Volkes und Königs betrachtet werden. In Verbindung mit der Herkunft Mordechais aus der Familie Sauls, des ersten Königs von Israel (vgl. Est 2,5), ruft der Erzähler so ein ganzes

---

80 Zum Motiv der »verkehrten Welt« vgl. Ego, Ester, 211.
81 Vgl. Meinhold, Esther, 42.
82 Siehe dazu Ego, Ester, 206–210.

Spektrum von Assoziationen wach: Die Auseinandersetzung zwischen Haman und Mordechai ist demnach nicht nur eine auf der persönlichen Ebene, sie reicht viel tiefer und ist grundsätzlicher Natur. Sie hat mit der alten Feindschaft zwischen Amalek und Israel zu tun, die sich in diesem Konflikt wiederholt. Mit der Bezeichnung Hamans als Agagiter spielt der Erzähler außerdem bereits auf das Ende Hamans an: Es kann nur in seinem Tod bestehen, so wie einst auch König Agag sterben musste.

Das Dritte, was über Haman mitgeteilt werden muss, ist seine Stellung im Reich und was daraus für die Menschen in seiner Umgebung und darüber hinaus folgt: Sie haben ihn durch Verneigen und Niederfallen auf die Knie zu ehren – und zwar in einer Art und Weise, wie sie sprachlich in der Hebräischen Bibel sonst nur im Zusammenhang mit der Ehrerbietung vor Gott ausgedrückt wird.[83] Deshalb und wegen der Herkunft Hamans aus dem Volk der Amalekiter kann der Jude Mordechai gar nicht anders, als ihm diese Form der Huldigung zu verweigern. Damit ist der entscheidende Anlass für den Konflikt gegeben. Gleichzeitig wird deutlich, dass Mordechai und mit ihm das jüdische Volk die daraus resultierende Verfolgung unschuldig trifft.

Dass der Erzähler dem Haman einen quasi-göttlichen Anspruch unterstellt, dessen Anerkennung sich in der geforderten Proskynese äußert, davon gehen die

---

83 Zwar kommt das Niederwerfen als Form der Ehrerbietung in der Hebräischen Bibel sowohl gegenüber Gott als auch gegenüber Menschen vor. Die spezielle Ausdrucksweise in Est 3,2 (und in Est 3,5) begegnet sonst jedoch nur in Bezug auf Gott (vgl. Ego, Ester, 212f.).

meisten Auslegerinnen und Ausleger des Ester-Buches aus.[84] Die Erzählung greift damit einen heiklen Punkt im Verhältnis von Griechen und Persern auf, der in hellenistischer Zeit insbesondere für Juden zu einem Gewissenskonflikt führt. Bei den Persern spielte die Proskynese zwar eine wichtige Rolle. Sie stand hier jedoch nicht im Zusammenhang mit einer Vergöttlichung des Herrschers. Das war stattdessen bei den Griechen der Fall, besonders seit Alexander dem Großen (336–323 v. Chr.).[85] Die hellenistische Ideologie des Gottkönigtums ist jedoch nicht vereinbar mit dem jüdischen Glauben an den einen Gott. Indem er Mordechai die Proskynese vor Haman verweigern lässt, kritisiert der Erzähler die herrschaftsideologischen Implikationen dieser Praxis und lässt den zeitgeschichtlichen Hintergrund seines Buches durchscheinen.

Erstaunlich, dass Haman das abweichende Verhalten Mordechais nicht selbst bemerkt, sondern er durch Dritte darauf aufmerksam gemacht wird. Hier bewegt sich der Erzähler wieder ganz im Rahmen der Gattung seiner Erzählung, zu der als typisches Element die Denunziation gehört (vgl. Dan 3,8–12; 6,11–14). Erst als sich Mordechai beharrlich weigert, die vorgeschriebene Ehrung Hamans zu vollziehen, und nachdem auch ein wiederholtes Einreden auf ihn keine Wirkung zeigt, machen die Diener Haman auf Mordechais Verhalten aufmerksam. Ihre Intention ist bewusst als indirekte Frage formuliert, die sich – auch sprachlich – wie ein roter Faden durch den weiteren Verlauf der Erzählung zieht: Wird Mordechai mit dem, was er sagt und tut bzw. nicht tut, Bestand haben? Wird das jü-

---

84 Vgl. dazu Ego, Ester, 196–200.212f.
85 Vgl. Achenbach, Genocide, 98f.

dische Volk, zu dem Mordechai gehört, angesichts eines solchen Gefährdungspotenzials Bestand haben? Die Antwort, die das Buch Ester auf diese Frage gibt, lautet eindeutig »Ja«. Doch bis dahin ist es noch ein weiter Weg.

Mordechais Zugehörigkeit zum jüdischen Volk wird auf der Ebene der Figuren der Erzählung das erste Mal im Zusammenhang mit der verweigerten Proskynese thematisiert (Est 3,4). Dass er Jude ist, hatte Mordechai den Bediensteten des Königs mitgeteilt und insofern öffentlich gemacht. Der an dieser Stelle nicht ganz eindeutige hebräische Wortlaut scheint Mordechais Volkszugehörigkeit als Grund für sein Verhalten gegenüber Haman verstehen zu wollen. Jude sein und einen Menschen wie Gott verehren, das ist nicht miteinander zu vereinbaren. In der Erzählung ist damit ein Punkt erreicht, an dem der sonst loyale Mordechai nicht anders kann, als gegen die Verordnung des Königs zu verstoßen. Später wird auch Ester vor einer ähnlichen Entscheidung stehen. Das Verbergen der jüdischen Herkunft und Identität, das Mordechai ihr auferlegt, hat seine Grenzen, und die liegen dort, wo das religiöse Grundbekenntnis oder die Existenz des eigenen Volkes auf dem Spiel stehen.

4.2.2. Haman beschließt die Vernichtung der Juden und bekommt die Erlaubnis des Königs (Est 3,5–15)
Von den königlichen Bediensteten auf das Verhalten Mordechais aufmerksam gemacht, nimmt Haman es jetzt auch selbst wahr. Es löst bei ihm Zorn aus – eine Reaktion, die die Erzählung zuvor auch von König Ahasveros berichtete, als Königin Waschti sich weigert, vor ihm und seinen Gästen zu erscheinen. Parallelen zu diesem Ereignis weisen auch die Gegenmaßnahmen auf, die Haman sich ersinnt. Sie betreffen nicht nur

Mordechai allein, sondern beziehen sich auf das ganze jüdische Volk im gesamten persischen Reich. Eine solche dramatisierende Verallgemeinerung prägte auch die Sanktionen gegen Waschti. Zumindest dergestalt, dass ihre Strafe eine Botschaft an alle Frauen im Reich sein sollte. Hamans Pläne gehen darüber nun insofern hinaus, als er sogleich die Vernichtung des jüdischen Volkes beabsichtigt. So maßlos weit waren Ahasveros und sein Berater Memuchan im Falle Waschtis und aller anderen Frauen nicht gegangen. Aber Haman gelingt es, den König auf perfide Art und Weise von seinem Vorhaben zu überzeugen und sich die Erlaubnis dafür zu holen.

Doch bevor Haman sich an den König wendet, findet eine merkwürdige Aktion statt, die sowohl inhaltlich als auch im Blick auf die Entstehungsgeschichte des Buches Ester Fragen aufwirft: Haman lässt das Los fallen. Das im Text verwendete akkadische Lehnwort *pûr* wird mit dem hebräischen Begriff für das Los übersetzt. Die Formulierung in Est 3,7 deutet darauf hin, dass es um die Bestimmung eines Termins durch Losentscheid geht. Tag und Monat werden durch das Werfen eines Loses ermittelt. Um welches Datum es sich am Ende handelt, bleibt aber zunächst offen. Erst Est 3,12f. nennen den 13. Tag des zwölften Monats als den Zeitpunkt, an dem die Vernichtung des jüdischen Volkes stattfinden soll. Est 3,7 versucht also, die Herkunft dieses Termins und gleichzeitig auch das rätselhafte Wort »Pur« bzw. »Purim« zu erklären.

Losverfahren zur Entscheidungsfindung waren im Alten Orient nichts Ungewöhnliches und sind gut belegt. Sie gehören in den Bereich des Orakelwesens und kommen auch an anderer Stelle in der Hebräischen Bibel und in außerbiblischen Quellen vor.[86] Die Lose hatten häufig die Form von kleinen Würfeln, aber auch kleine Tierknochen (Astragale) wurden für solche Zwecke genutzt. Selbst wenn das aus den Texten nicht immer eindeutig hervorgeht, dürfte im Hintergrund dieser Praxis meist die Vorstellung stehen, dass sich durch das Los der göttliche Wille kundtut. Hamans Loswurf dient damit letztlich auch der Legitimation seines Vorhabens. Bevor er den König damit behelligt, holt er sich die Zustimmung der Götter ein. Im Kontext des Buches Ester ist das allerdings theologisch insofern ein schwieriger Gedanke, weil damit der sicher nicht beabsichtigte Eindruck entsteht, der Gott Israels befürworte die Vernichtung seines eigenen Volkes. Auch deshalb erweist sich Est 3,7 als ein gewisser Fremdkörper in der Erzählung. Die Mehrheit der Ausleger ist sich einig, dass Est 3,7 mit Est 9,20–32 zusammenhängt und erst nachträglich in Kap. 3 eingefügt wurde, um den Zusammenhang mit den Purimtagen herzustellen.[87]

 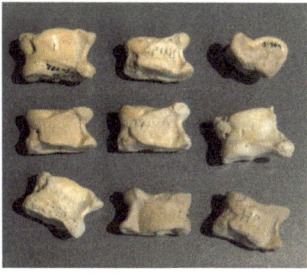

Abb. 8: Würfel (links) und Astragale (rechts) aus hellenistischer Zeit. Die Würfel sind mit griechischen Buchstaben, die Astragale mit Namen griechischer Gottheiten versehen.

---

86 Zum Losorakel in den biblischen und außerbiblischen Quellen und in Est 3,7 vgl. Ego, Ester, 215–218.
87 Vgl. Meinhold, Esther, 45.

In seiner anschließenden Rede vor dem König kommt Haman ohne Umschweife zur Sache. Schon die Tatsache, dass er das Volk, um das es ihm geht, nicht beim Namen nennt, zeigt, was er von ihm hält. Ebenso wenig erwähnt er den konkreten Anlass seines Handelns. Haman legt keinen Wert auf Differenzierungen, die womöglich ihm und vor allem dem König eine andere Sicht der Dinge vermitteln könnten. Dass der König nicht genauer nachfragt und ihm darum die Wahrheit verborgen bleibt, ist natürlich für den Fortgang der Erzählung und ihren Spannungsbogen wichtig. So kann Haman auf verleumderische Art und Weise das jüdische Volk dreierlei Vergehen bezichtigen: (1.) Dass es überall »verstreut« und gleichzeitig unter sich »abgesondert« lebt. (2.) Dass es seine eigenen Gesetze hat, die sich von denen aller anderen Völker unterscheiden. (3.) Dass sich die Angehörigen dieses Volkes nicht an die Verordnungen des Königs halten. Die Anklage lautet also insgesamt: Gefährdung des Reiches. Während die ersten beiden Vorwürfe im Kontext des persischen Vielvölkerstaates und angesichts der relativ toleranten Haltung der Perser gegenüber ihren Untertanen allein noch kein todeswürdiges Verbrechen darstellen, rührt das dritte Argument tatsächlich an einer der Grundfesten des Reiches, dem Gesetz des Königs.[88] Das Königsgesetz spielte im Rahmen der persischen Herrschaftsideologie eine zentrale Rolle und war für den Bestand des Reiches von außerordentlich großer Bedeutung. Indem Haman den Juden die Missachtung des königlichen Gesetzes unterstellt, erklärt er sie tatsächlich zu gefährlichen Staatsfeinden, die außerhalb der staatlichen Ordnung stehen. Den

---

88 Vgl. dazu die Ausführungen von Ego, Ester, 220f.

Nachweis konkreter Vergehen bleibt Haman jedoch schuldig.

Es gehört zu den Merkmalen der Demagogie, dass sie Tatsachen verdreht, Lügen und Halbwahrheiten verbreitet und Zweifel und Misstrauen sät, dass sie pauschalisiert und generalisiert. Haman beherrscht diese teuflische »Kunst« perfekt. Mordechai (und Ester) haben ihre Loyalität gegenüber dem König eindrucksvoll unter Beweis gestellt (vgl. Est 2). Von einer abgesonderten Lebensweise und der Missachtung königlicher Gesetze durch die jüdischen Protagonisten und die Juden im Reich insgesamt kann keine Rede sein. Das Einzige, was vorliegt, ist der Verstoß eines Einzelnen gegen eine einzelne Anordnung des Königs, worin Haman einen Präzedenzfall sieht.

Haman weiß auch gleich, was zu tun ist: Der König könne und dürfe das jüdische Volk nicht in Ruhe lassen. Er habe keine andere Wahl, als seine Vernichtung schriftlich anzuordnen. Diesen als Vorschlag unterbreiteten Wunsch macht Haman dem König zusätzlich durch ein finanzielles Argument schmackhaft: Die unvorstellbar große Summe von 10.000 Talenten[89] wolle er in die Staatskasse einzahlen – Geld, das sicher nicht aus seinem Privatvermögen stammt, sondern wie bei Hingerichteten üblich (vgl. Est 8,1f.) von den Betroffenen selbst. Es scheint hier darum zu gehen, nicht nur den durch die Auslöschung eines ganzen Volkes entstehenden Verlust an Wirtschaftskraft und Steuereinnahmen auszugleichen, sondern darüber hinaus auch

---

89 Je nach dem zugrunde gelegten Vergleichswert und bei angenommener Währungsgleichheit handelt es sich um etwa das 0,6- bis 1,25fache des gesamten jährlichen Steueraufkommens des persischen Reiches, vgl. Ego, Ester, 221f.

noch Profit aus dem Tod von Menschen zu schlagen, indem ihr Eigentum konfisziert wird (vgl. Est 3,13).

Mit dem Hinweis auf das Geld wirft der Erzähler ein weiteres negatives Licht auf Haman, das im weiteren Verlauf freilich auch auf den König selbst fällt. Denn der stimmt dem Plan Hamans ohne Einwände sofort und unmittelbar zu (Est 3,10f.). Die Übergabe des Siegelrings durch den König an Haman drückt dessen uneingeschränkte Vollmacht aus. Mit diesem königlichen Siegel wird anschließend der Erlass beglaubigt, der die Vernichtung der Juden im ganzen Reich anordnet (Est 3,12). Für den Gebrauch und die Bedeutung von Siegeln im persischen Reich gibt es zahlreiche archäologische Zeugnisse.[90] Dass Haman im Zusammenhang mit der Übergabe des königlichen Siegels explizit als »Feind« der Juden bezeichnet wird, wirkt wie ein Fanal. Was der König zu dem Geld sagt (Est 3,11), klingt fast so, als würde er darauf verzichten und die Summe Haman überlassen. Eine andere Deutung interpretiert seine Worte allerdings dahingehend, dass Haman mit dem Geld und dem Volk wie von ihm vorgeschlagen verfahren soll.[91]

Est 3,12–15 schildern relativ ausführlich den anschließend mit kühler bürokratischer Zwangsläufigkeit in Gang kommenden Verwaltungsakt mit der Ausfertigung des Erlasses und seiner Bekanntmachung. Der Erzähler spielt hier auch auf die legendäre persische Reichspost an, die aufgrund eines ausgeklügelten Netzwerkes von Kurieren tatsächlich in der Lage war, Informationen in relativ kurzer Zeit im gesamten Reich

---

90 Siehe dazu Linke, Achämenidische Siegel.
91 Vgl. Meinhold, Esther, 48. Anders dagegen Ego, Ester, 224, die von einem Verzicht des Königs auf das Geld ausgeht.

Abb. 9: Persisches Stempelsiegel (Siegel links und Abdruck rechts). Dargestellt ist ein typisches Motiv – der Kampf eines königlichen Helden mit einem geflügelten Mischwesen.

zu verbreiten. Darüber hinaus hat er hier die Gelegenheit, detailliertere Angaben zu dem Erlass zu machen. Dazu gehört das Datum, an dem er ausgestellt wird. Es ist der 13. Tag des ersten Monats – ein Datum, das an Symbolik kaum zu überbieten ist. Denn der 13. Tag des ersten Monats ist der Tag vor dem Pessachfest (vgl. Ex 12,6; Lev 23,5), das an die existenzielle Bedrohung des Volkes Israel in Ägypten und an seine Rettung erinnert. In einer derartigen Situation, in der es um Leben und Tod geht, befinden sich die Juden im persischen Reich. Und natürlich fragt sich der Leser, wie es diesmal ausgehen wird. Oder soll mit diesem Datum bereits die Gewissheit der Rettung angedeutet werden?

Neben den Adressaten des Erlasses – den verschiedenen persischen Verwaltungsbeamten (Satrapen, Statthalter, Fürsten) in ihren jeweiligen Einheiten (Provinzen, Völkerschaften), die für das persische Reich in seiner Gesamtheit stehen – wird auch die Zielgruppe, die jüdische Bevölkerung, genauer beschrieben. Die Wortwahl (»vom Knaben bis zum Greis«, »Kleinkinder und Frauen«) drückt die Totalität und die Unmenschlichkeit des Vernichtungsbeschlusses aus: Ausnahmslos alle Juden sollen umgebracht werden. Mit gleich drei semantisch ähnlichen Verben beschreibt der Erzähler die komplette und endgültige Vernichtung jüdischen Lebens. Und entsprechend der Verabredung zwischen Haman und dem König findet auch der ökonomische Aspekt der Aktion noch einmal ausdrückliche Erwähnung – die Konfiszierung von Hab und Gut der Getöteten. Mit dem genannten Termin (der 13. Tag des zwölften Monats, des Monats Adar) wird zum einen auf den Loswurf Hamans (Est 3,7, hinsichtlich des Monats) und zum anderen auf das Datum des Erlasses (Est 3,12, hinsichtlich des Tages) Bezug genommen. Trotzdem bleibt die Terminfindung teilweise rätselhaft, da das Los allenfalls zur Festlegung des Monats geführt hat und der Tag, an dem das Edikt formuliert wird, gar keine Begründung erfährt. Der 13. Adar scheint der Erzählung also bereits vorgegeben gewesen zu sein.[92]

Dass zwischen dem Aufsetzen des Erlasses (13. Tag des ersten Monats) und dem in ihm festgelegten Datum seiner Ausführung (13. Tag des zwölften Monats) elf Monate liegen, ist bemerkenswert. Da wird ein reichsweites Pogrom, ja ein Genozid angeordnet und gleichzeitig damit gerechnet, dass alle so diszipliniert sind und damit bis zum festgelegten Termin warten.

---

92 Damit rechnet auch Ego, Ester, 228. Der 13. bzw. 14. Adar als Termin des Purimfestes und der 13. Nisan als Vortag des Pessachfestes sind durch den jüdischen Kalender vorgegeben.

Natürlich ist diese Zeitspanne auch ein Element der erzählerischen Dramaturgie. Es erzeugt die nötige Spannung und verschafft Zeit für Gegenmaßnahmen, die dann ja auch umgehend eingeleitet werden und schließlich, nach der Hinrichtung Hamans, in einen Gegenerlass münden (Est 4–8).

Nach Aussagen über die Vervielfältigung und rasche Verbreitung des Erlasses bzw. seiner einzelnen Ausfertigungen im gesamten persischen Reich kehrt die Erzählung wieder nach Susa zurück, wo er seinen Ausgang nimmt (Est 3,15). Während in der Stadt insgesamt – also bei Juden und Nichtjuden – erschrockene Betroffenheit und helle Aufregung herrscht, geben sich Haman und der König zufrieden dem Weingenuss hin. Sie nehmen damit im Grunde bereits die Feier des Sieges über das zum Feind erklärte jüdische Volk vorweg.

4.2.3. Mordechais und Esters Reaktion(en) (Est 4,1–17)
Zu den betroffenen Juden in Susa gehören Mordechai und – potenziell – auch Ester, deren Herkunft nach Est 2,10 nicht öffentlich bekannt ist. Anders als Mordechai hat Ester von den Vorgängen im Palast und von dem Erlass gegen das jüdische Volk noch keine Kenntnis erlangt. Im königlichen Harem ist sie von der Außenwelt und den Vorgängen im Palast abgeschirmt. Aufgrund ihrer privilegierten Stellung als Königin hat sie jedoch die Möglichkeit, mit Hilfe ihrer Bediensteten mit Mordechai in Kontakt zu treten. Insgesamt ist die Erzählung an dieser Stelle logisch nicht bis ins letzte Detail stringent. So erweckt sie den Eindruck, dass Mordechai über den eigentlichen Erlass hinausgehende Hintergrundinformationen besitzt: Er habe, heißt es, »alles erfahren, was sich ereignet hatte« (Est 4,1), und Ester auch den »genauen Betrag des Geldes, das Haman versprochen hatte«, mitgeteilt (Est 4,7). Woher Mordechai

dieses Wissen hat, wird nicht gesagt. Ebenso offen bleibt, was er im königlichen Hof sucht, in den er in Trauerkleidung nicht hinein darf (Est 4,2). Will der Erzähler andeuten, dass Mordechai von sich aus den Versuch unternimmt, mit Ester in Kontakt zu treten (vgl. Est 2,11)? Unklar ist weiterhin, wovon Esters Bedienstete ihr in Est 4,4 berichten: von der Trauer der Juden im ganzen Land (Est 4,3) oder von dem eingangs geschilderten Tun Mordechais, wofür die anschließende Handlung Esters spricht, selbst wenn dafür der Rückverweis über V. 3 hinweggehen muss? Und auch die Frage, ob Ester durch die Kommunikation mit dem bekannten Juden Mordechai nicht ihr Geheimnis verrät, muss auf sich beruhen. Erst nach Est 4,8 ist Ester nicht mehr an das bisher in dieser Beziehung geltende Schweigegebot Mordechais gebunden, wenn er ihr nun den Befehl überbringen lässt, zum König zu gehen und »vor ihm für ihr Volk zu bitten«.

Das Zerreißen der Kleidung, das Anlegen von Trauergewändern (»Sack«) und andere Selbstminderungsriten (Gebrauch von Staub und Asche, Fasten) sowie Weinen und Klagegeschrei sind biblisch und außerbiblisch bezeugte typische Reaktionen auf drohendes oder bereits eingetretenes Unheil. Sie zielen nicht zwangsläufig und in jedem Fall darauf, die Not zu wenden. Mit ihrer umfangreichen und intensivierten Erwähnung unterstreicht der Erzähler den Ernst der Lage. Welche Intention er dem Verhalten Mordechais unterstellt, darüber gehen die Meinungen auseinander.[93] Ist Mordechais Reaktion religiös zu deuten oder nicht? Handelt es sich um einen Akt der Buße und der vollkommenen Hingabe an Gott, die auf dessen Erbarmen

---

93 Vgl. dazu Ego, Ester, 231–233.

zielt, oder will Mordechai an den König appellieren? Die Erzählung lässt diese Fragen offen. Im Gesamtkontext der Hebräischen Bibel spricht jedoch viel für ein religiöses Verständnis.[94] Dass Mordechai sich zum Palast begibt, scheint primär der Kontaktaufnahme mit Ester zu dienen. Doch in seinem Aufzug ist ihm der Zugang zum »Tor des Königs«, seinem angestammten Aufenthaltsort, und damit auch die direkte Kommunikation mit Ester verwehrt.

Est 4 enthält insgesamt vier Dialogszenen (Est 4,4–16). Sie werden gerahmt von Aussagen über das, was davor (Est 4,1f.) bzw. auch währenddessen (Est 4,3) sowie im Anschluss daran (Est 4,17) geschieht. Formal und inhaltlich korrespondiert dieser Abschnitt der Erzählung mit dem vorangehenden (Est 3). Inhaltlich, weil beide die Vernichtung des jüdischen Volkes thematisieren, und formal, weil beide den gleichen Dreischritt von Ereignis, Unterredung und Umsetzung des Besprochenen aufweisen. Hinzu kommt, dass sie zusammen zwischen den beiden ersten und den beiden letzten Paaren von Gastmählern platziert sind. Das Fasten in Est 4,3 und 4,16 steht im deutlichen Kontrast dazu.

Die Kommunikation zwischen Ester und Mordechai wird durch Dritte vermittelt. Im ersten Gesprächsgang (Est 4,4) geschieht sie zunächst weitgehend nonverbal: Als Ester von Mordechais Verhalten (und dem der Juden im ganzen Reich?) erfährt, erschrickt sie und lässt ihm Kleider zukommen, die er jedoch ablehnt. Will der Erzähler damit andeuten, dass Ester die Tragweite des Geschehens nicht bewusst ist? Oder zielt ihr Handeln darauf, Mordechai den Zugang zum königlichen Hof

---

94 So u. a. auch Ego, Ester, 236f.

und damit in ihre Nähe zu ermöglichen? Dann hätte er ihre Geste missverstanden.

Inhaltlich weisen die vier Dialogszenen nacheinander eine deutliche Steigerung auf. Sie beginnen mit dem ersten, nicht optimal verlaufenen Versuch, den Kontakt zwischen Ester und Mordechai herzustellen (Est 4,4). Anschließend (Est 4,5–9) erkundigt sich Ester bei Mordechai darüber, was geschehen ist. Im Unterschied zum ersten Gesprächsgang wird der Inhalt des Wortwechsels zwischen Ester und Mordechai mitgeteilt. Ester erfährt, was beschlossen worden ist, und erhält als Beweis sowie als Ausdruck des Ernstes der Lage eine der im Reich verteilten Abschriften des Erlasses gegen die Juden. Mordechai verbindet seine Antwort auf Esters Fragen mit der Forderung, dass sie zum König gehen und sich bei ihm für »ihr Volk« einsetzen soll. Die explizite Bezeichnung des jüdischen Volkes als Esters Volk umfasst mehrere Aspekte: Sie soll zum einen persönliche Betroffenheit auslösen und Ester zum Handeln motivieren. Gleichzeitig kann sie als Aufhebung des ihr von Mordechai gebotenen Schweigens bezüglich ihrer Herkunft (Est 2,10.20) gelten. Und schließlich drückt sich an dieser Stelle auch die Hoffnung aus, dass die Beziehung des Königs zu Ester sich positiv auf die Lage des Volkes auswirkt, zu dem sie gehört. Später wird Ester den König ja tatsächlich auf der Beziehungsebene emotional ansprechen (vgl. Est 7,3.4; 8,3).

Doch zuerst muss Ester zu einer Begegnung mit dem König gebracht werden. Dies geschieht im dritten Gesprächsgang (Est 4,10–14), der nun – seiner Bedeutung und Wichtigkeit entsprechend – als direkte Rede wiedergegeben wird. In ihrer Antwort weist Ester Mordechais Forderung zurück. Sie begründet dies mit der Todesstrafe, die jedem drohe, der ungefragt vor dem

König erscheint. Unterschwellig wirft Ester Mordechai dabei die Unkenntnis oder bewusste Missachtung der geltenden Regeln am Hof vor. Auf mögliche Ausnahmen, die der König machen kann, wagt sie nicht zu hoffen. Mit dem Hinweis auf die lange Zeit, die dieser schon nicht mehr nach ihr verlangt habe, versucht sie Mordechai offenbar deutlich machen zu wollen, dass Ahasveros das Interesse an ihr verloren hat und daher ihre Chancen bei ihm schlecht stehen.

Ob die strengen Audienzbeschränkungen am persischen Hof den historischen Tatsachen entsprechen, ist unerheblich. Eine gewisse Übertreibung gerade im Blick auf Mitglieder der königlichen Familie kann dem Erzähler wohl attestiert werden. Für ihn ist das ein Mittel, die Spannung zu steigern. Auch der Konflikt und das Dilemma, vor dem Ester steht, tritt dadurch klarer und stärker hervor: Wie wird sich Ester verhalten? Wird die Rettung des jüdischen Volkes an ihr scheitern?

Argumentativ versucht Mordechai Ester zu überzeugen. Der Ton seiner Antwort ist hart. Mordechai kritisiert Esters Haltung als falsch und zeigt ihr die negativen Folgen auf, die diese Haltung für sie persönlich haben werde. Zunächst gibt er ihr zu verstehen, dass ihre Zugehörigkeit zum königlichen Hof sie nicht retten werde. Im Gegenteil: Durch Nichtstun und Schweigen bringe sie sich erst recht in Gefahr. Der Wortlaut von Est 4,14 gehört zu den am meisten diskutierten Aussagen im Buch Ester.[95] Eine mögliche Deutung versteht sie als Ausdruck der absoluten Gewissheit, dass das jüdische Volk gerettet werde. Nur Ester solle sich und ihre Familie davon nicht ausschließen,

---

95 Einen Überblick über verschiedene Deutungsansätze bietet Ego, Ester, 249–252.

indem sie im Vertrauen auf ihren königlichen Status in Untätigkeit verharrt. Ob bei der Strafe, die Mordechai Ester in diesem Fall androht, an ein göttliches Gericht oder eine irdische (jüdische?) Instanz gedacht ist, bleibt offen. Ebenso die Frage, was genau mit dem »anderen Ort« gemeint ist, von dem Mordechai die Hilfe erwartet, wenn Ester sie verweigert. Liegt hier ein versteckter Hinweis auf Gott vor? Andere Ausleger interpretieren den Wortlaut dagegen als rhetorische Frage, die Ester als einzige und letzte Chance zur Rettung des jüdischen Volkes beschreibt: Wer soll die Rettung bringen, wenn nicht sie? Und wenn Ester es nicht tut, werden auch sie und ihre Familie den Tod finden. Abschließend deutet Mordechai den Aufstieg Esters zur Königin als ein Geschehen, das sich möglicherweise genau zu diesem Zweck, der Rettung ihres Volkes, ereignet hat.

So richtig und wichtig die Fragen nach dem Verständnis von Est 4,14 sind – für den Erzähler jedenfalls verfehlen Mordechais Worte ihre Wirkung bei Ester nicht. Am Ende des dritten sowie im ganzen vierten und vorerst letzten Gesprächsgang (Est 4,15f.) spart er sich die Aussagen über die Vermittlung des Wortwechsels durch einen von Esters Dienern. Esters Reaktion zeigt, dass sie sich zu der Intervention beim König, die von ihr erwartet wird, entschließt. Restlos überzeugt vom Gelingen ihrer Mission ist sie zwar nicht, aber sie gibt ihren Widerstand auf: »Wenn ich sterbe, sterbe ich.« (Est 4,16) – Der Ausgang ist offen, aber die Entscheidung gefällt. Ester lässt die Juden der Stadt zu einem intensiven Fasten aufrufen. Es soll drei Tage einschließlich der Nächte dauern und geht so weit über das sonst übliche Maß hinaus. Ester selbst verspricht, sich mit ihren Dienerinnen daran zu beteiligen und bringt damit ihre Verbundenheit mit ihrem jüdischen

Volk zum Ausdruck. Spätestens jetzt ist ihre Herkunft für ihr unmittelbares persönliches Umfeld kein Geheimnis mehr. Das Fasten dient der Vorbereitung und Stärkung Esters für ihren bevorstehenden Gang zum König. Es unterscheidet sich damit von dem in Est 4,4 erwähnten Fasten, das dort zunächst als spontane Reaktion auf das königliche Edikt zu verstehen ist. Dass der Erzähler erneut die religiöse Dimension ins Spiel bringt und das Fasten von Ester und den Juden in Susa implizit als ein an Gott gerichtetes Bittgebet versteht, davon ist auszugehen.[96] Auf die merkwürdige zeitliche Überschneidung mit dem Termin des Pessachfestes wurde bereits hingewiesen.[97] Mit einer knappen Ausführungsnotiz (Est 4,17) endet dieser Teil der Erzählung.

Im narrativen Verlauf der Handlung im Buch Ester kommt dem vierten Kapitel eine zentrale Rolle zu. Die Krise ist noch nicht überwunden, der Höhepunkt des Spannungsbogens noch nicht erreicht. Doch dass Ester nach anfänglichem Zögern nun bereit ist, sich beim König für ihr bedrohtes jüdisches Volk einzusetzen, das stellt einen entscheidenden Schritt und damit eine deutliche Zäsur dar.[98]

---

96 So u. a. Ego, Ester, 254f., die diesbezüglich vom »Phänomen einer ›verborgenen Theologie‹« spricht.
97 Siehe dazu oben, S. 54f.
98 Vgl. Ego, Ester, 244f. Meinhold, Esther, 51, bezeichnet das Gespräch zwischen Mordechai und Ester bzw. dessen entscheidenden Teil in Est 4,13f. als die »geistige Mitte des Buches«.

4.3. Hamans vermeintlicher Sieg und seine Niederlage (Est 5,1–7,10)

Bisher verlief die Erzählung weitgehend linear. Nun wird sie deutlich komplexer. Der Verfasser zeigt, dass er ein Meister der Erzählkunst ist, der seinen Stoff und die Regeln der Dramaturgie ausgezeichnet beherrscht. Er versteht es, die Spannung durch retardierende Momente und Wiederholungen bis aufs Äußerste zu steigern. Dies geschieht nicht nur dadurch, dass er Ester die entscheidende Audienz beim König über mehrere Begegnungen mit ihm hinauszögern und damit das Risiko eingehen lässt, dass sie scheitert. Erzählerisch unterbricht er zudem diesen Handlungsstrang nach der zweiten Begegnung (Est 5,8) und nimmt ihn erst später (Est 6,14) wieder auf. Dazwischen geht er dem Tun Hamans nach, der sich in seiner grenzenlosen Selbstüberschätzung völlig falsche Hoffnungen macht und sich am Ende sein eigenes Urteil spricht.

4.3.1. Esters doppelte Einladung (Est 5,1–8)

Die neue Szene setzt ein mit einer Zeitangabe, die sich auf das dreitägige Fasten Esters (und der Juden in Susa, Est 4,16) zurückbezieht. Auch in anderen literarischen Zusammenhängen in der Hebräischen Bibel und darüber hinaus kommt dem dritten Tag eine besondere Symbolik als Tag des Aufbruchs und des (Neu-)Beginns zu. Wie der Erzähler Esters Vorgehensweise genau verstanden wissen will, muss offen bleiben: Handelt sie aus Scheu oder Berechnung, wenn sie dem König nicht gleich sofort ihr wahres Anliegen preisgibt? Für die erzählerische Inszenierung der Niederlage Hamans ist es zum einen notwendig, dass er dabei ist, wenn Ester sich dem König anvertraut. Zum anderen will der Erzähler ihm die Möglichkeit geben, vor seinem Fall noch seinen Hochmut zu demonstrieren. Die Doppelheit der Gastmähler entspricht darüber hinaus der Struktur der Erzählung mit ihren viermal zwei Festgelagen.

Durch entsprechende Kleidung bereitet sich Ester auf die Begegnung mit dem König vor. Das Motiv des Kleiderwechsels spielt im Buch Ester eine wichtige Rolle.[99] Es markiert den sozialen Aufstieg (Est 6,8–11), ist Reaktion auf Unheil (Est 4,1) oder signalisiert wie hier die Wende zum Heil. Standesgemäße Kleidung gehört zur höfischen Etikette. Darüber hinaus soll der König durch ihr Äußeres positiv für Ester eingenommen werden. Ester nähert sich ihm langsam, zunächst mit Abstand und nur so weit, dass er sie von seinem Thron aus sehen kann. Die Szenerie erinnert an eine offizielle Audienz – das höfische Zeremoniell, bei dem der König mit rangniedrigeren Personen kommuniziert. Die Ausnahme von den Zugangsbeschränkungen, die Ester in ihrem Fall für unwahrscheinlich gehalten hat (Est 4,11), tritt ein. Sie habe »Gunst« gefunden, heißt es – eine Aussage, die jener in Est 2,9 entspricht. In Est 5,7 wird sie (indirekt) ein weiteres Mal formuliert und durch das entsprechende Verhalten des Königs bestätigt (Est 6,14; 7,1). Mit einem symbolischen Akt, dem Ausstrecken und Berühren des Zepters, wird die Zuwendung des Königs zu Ester nonverbal zum Ausdruck gebracht. Der erste heikle Schritt ist damit erfolgreich verlaufen. Vielleicht auch deshalb, weil Ester den richtigen Zeitpunkt gewählt hat. Angesichts der Spannung, die der Erzähler aufgebaut hat, verläuft die Begegnung zwischen Ester und dem König jedoch relativ unspektakulär.

---

99 Vgl. dazu Siebert-Hommes, »On the third day ...«.

Abb. 10: Persische Audienzszene. Der König auf dem Thron ist entweder Dareios I. oder Xerxes I.

Angesichts der hohen Hürden für eine Begegnung mit dem König ist klar, dass Ester nicht ohne triftigen Grund zu ihm kommt. Sein großzügiges Versprechen, ihr bis zur Hälfte des Königreiches zu geben, trägt märchenhafte Züge und ist als stereotype Floskel sicher nicht wörtlich zu verstehen. Es unterstreicht aber durchaus, wie hoch die Gunst ist, in der Ester bei Ahasveros steht. Seine Sorge und sein Bemühen um sie wirken echt. Das gilt auch für die Eile, die er an den Tag legt, ihrem Wunsch zu entsprechen (Est 4,5; vgl. 6,14). Ob Ester mit ihren beiden ersten Antworten auf seine Frage seinem Angebot eher ausweicht und die Mitteilung ihres eigentlichen Anliegens hinauszögert, oder ob ihr Auftreten bescheiden wirken und in ihrem Wunsch eine Steigerung zum Ausdruck kommen soll, lässt sich nur schwer entscheiden. Beides liegt im Bereich des Möglichen. Auf jeden Fall lässt der Erzähler

Ester hier sehr eigenständig agieren. Ihr Vorgehen unterscheidet sich von dem, was Mordechai ihr aufgetragen hatte (Est 4,8). Statt den König direkt und unmittelbar um Erbarmen für ihr Volk zu bitten, lädt sie ihn und Haman zu zwei privaten Gastmählern mit ihr ein. Sie riskiert damit, dass sich die günstige Stimmung des Königs wieder ändert. Außerdem gewinnt Haman durch die Verzögerung Zeit, die er nutzt, um seine Pläne in die Tat umzusetzen. Mordechais Hinrichtung wird ja tatsächlich erst in letzter Sekunde durch einen glücklichen Umstand (die schlaflose Nacht des Königs) verhindert. Neben der Spannung, die der Erzähler auf diese Weise weiter dramatisch steigert, will er sicher Esters Handeln als taktisch klug herausstellen. Außerdem bleibt er seinem Prinzip der paarweisen Gastmähler treu. Bevor sich die Erzählung jedoch dem zweiten Gastmahl Esters mit dem König und Haman zuwendet, schildert sie, was Haman in der Zwischenzeit tut bzw. was ihm widerfährt.

4.3.2. Hamans Reaktion (Est 5,9–14)

Die Einladung(en) zum Gastmahl mit König und Königin empfindet Haman als Ehre. Seine Freude darüber verwandelt sich jedoch schon kurze Zeit später aufgrund einer Begegnung mit Mordechai in Zorn. Nicht nur fällt Mordechai nicht vor Haman nieder, wie es seine Pflicht wäre, er rührt sich nicht einmal. Da sich das Zusammentreffen zwischen beiden an Mordechais angestammtem Platz »im Tor des Königs« ereignet (vgl. Est 2,19.21), scheint der Erzähler andeuten zu wollen, dass Mordechai keine Trauerkleider mehr trägt und sich der Rettung seines Volkes aufgrund des Einsatzes von Ester sicher ist. Diese Gewissheit wird auch dadurch zum Ausdruck gebracht, dass er Haman »wie Luft« behandelt und auch das Vernichtungsedikt nichts an seinem Verhalten gegenüber Haman ändert. Manche Leerstelle in diesem Abschnitt der Erzählung – etwa der selbstverständliche Aufenthalt Mordechais »im Tor« oder das Fehlen eines Hinweises auf den Vernichtungserlass, angesichts dessen Haman hätte gelassener reagieren können und der Vorschlag seiner Frau und seiner Freunde überflüssig wäre – spielt eine Rolle bei der Frage nach der Entstehungsgeschichte des Buches Ester. Ungeachtet solcher Indizien gelingt es gleichwohl, die bisherigen und die neuen Erzählinhalte miteinander in Einklang zu bringen.

Vorerst beruhigt sich Haman wieder und reißt sich zusammen. Bei aller Selbstüberschätzung, die ihm die Merkmale eines Toren im Sinne des weisheitlichen Denkens und der weisheitlichen Literatur verleiht, agiert er in diesem Fall nach dem Ideal eines Weisen, der seine Emotionen im Griff hat.[100] Zuhause versammelt er seine Freunde und seine Frau. Sie bilden das Auditorium für seinen Selbstruhm (Est 5,11f.) und für seine anschließende Klage über das, was seine Freude trübt (Est 5,13). Der Umstand, dass Hamans Frau in der Erzählung einen Namen hat, macht diesen interessant, doch ist seine Bedeutung unsicher. Hamans Söhne (zehn an der Zahl nach Est 9,7–10), die hier ebenfalls zum ersten Mal erwähnt werden, gehören nicht zu seinem Publikum, sondern sind einer der Sachverhalte, deren er sich rühmt – an zweiter Stelle nach seinem Reichtum. Die für ihn besondere Auszeichnung und das für seine Zuhörerschaft Neue lässt der Erzähler Haman in direkter Rede mitteilen: die Einladung zu dem exklusiven Gelage mit Ester und dem König.

---

100 Zu dieser äußerst ambivalenten Charakterisierung Hamans vgl. Ego, Ester, 290.294–296.

Söhne, Reichtum und soziale Anerkennung sind Statussymbole im Alten Orient.[101] Noch ist nicht klar, wie die Geschichte ausgeht. Aber der Leser ahnt bereits, dass es mit so einem Angeber kein gutes Ende nehmen kann.

Zumal Haman nicht wirklich richtig glücklich ist. Es ist Mordechai, der ihn stört. Haman bezeichnet ihn ausdrücklich als Jude, es geht also nicht nur um dessen Verhalten (er bleibt einfach sitzen, vgl. Est 5,9), sondern um ihn als Person und als Angehörigen des jüdischen Volkes. Hamans Frau und seine Freunde unterbreiten den – in der Logik des Hasses – naheliegenden Vorschlag, Mordechai aufhängen zu lassen. Dass Haman nicht selbst auf diese Idee kommt, sondern dazu auf fremde Hilfe angewiesen ist, lässt ihn lächerlich dastehen. Noch weniger klug und an Selbstüberschätzung kaum zu überbieten ist sein voreiliges Handeln. Noch ehe er die Erlaubnis des Königs hat, lässt er den Galgen errichten. Dessen Dimensionen (ca. 25 m Höhe) sind übertriebenermaßen gewaltig. Das »Aufhängen ans Holz« begegnete als Strafe bereits im Zusammenhang mit der Verschwörung der beiden Eunuchen (Est 2,21–23). Welche Todesart der Erzähler dabei genau vor Augen hat – das Erhängen, das Pfählen oder die Kreuzigung – geht aus dem Text nicht eindeutig hervor.[102] In Betracht gezogen werden muss auch die Möglichkeit, dass das »Aufhängen ans Holz« vorrangig der Zurschaustellung des Leichnams und der damit verbundenen extremen Erniedrigung des Hingerichteten dient (vgl. Jos 8,29; 10,26f.; 2 Sam 4,12). Für Haman freilich wäre der Tod Mordechais die größte Genugtuung,

---

101 Vgl. Ego, Ester, 295f.
102 Vgl. dazu die Ausführungen bei Ego, Ester, 185, zu Est 2,23.

die – wie ihm erklärt wird – die ungetrübte Teilnahme an dem Gelage mit König und Königin ermöglichen würde. Mit der Aussicht darauf hebt sich die Stimmung Hamans wieder, und er macht sich an die Ausführung des Plans.

4.3.3. Haman muss Mordechai ehren (Est 6,1–14)

Dass die Dinge nicht so laufen, wie Haman es sich vorgestellt hat, ist nun nicht mehr zu übersehen und wird auch ihm selbst und seinem Umfeld klar. Die Erzählung fokussiert sich dabei zunächst auf den Konflikt zwischen ihm und Mordechai, der eine radikale Wendung erfährt: Haman muss Mordechai ehren. Sein Plan, ihn umbringen zu lassen, schlägt fehl. Die Rettung des jüdischen Volkes ist mit diesem (ersten) Aufstieg Mordechais zwar noch nicht garantiert. Dafür braucht es erst die endgültige Niederlage Hamans (Est 7,10) und den Gegenerlass (Est 8,3 ff.). Doch deutet sich hier bereits an, wie es mit Haman weitergeht und wie es um den Erfolg seiner Machenschaften bestellt ist.

Ähnlich wie bei Josef ist der Aufstieg Mordechais ebenso folgerichtig wie in der konkreten Situation überraschend und das Ergebnis der Verkettung mehrerer glücklicher Umstände oder einer göttlichen Fügung.[103] In der Josefsgeschichte spielt dabei der Traum des Pharao eine wesentliche Rolle, den Josef zu deuten vermag (Gen 41). Diese Gelegenheit ergibt sich für ihn unerwartet und auch nur deshalb, weil sich der Mund-

---

103 Manche Auslegerinnen und Ausleger möchten in den Ereignissen jener Nacht das hintergründige Handeln Gottes sehen, andere denken an ein unpersönliches Schicksal; vgl. Ego, Ester, 309 f.

schenk in diesem Moment nach langer Zeit wieder an ihn erinnert. Im Buch Ester beginnt die Rettung Mordechais auch mit einem nächtlichen Ereignis: Der König kann nicht schlafen und lässt sich aus den Tagebüchern des Palastes vorlesen. Mordechais dort vermerkte Vereitelung eines Staatsstreiches (vgl. Est 2,21–23) weckt seine Aufmerksamkeit – ausgerechnet sie und das genau im richtigen Augenblick! Schnell stellt sich heraus, dass dieser Mann für seine Verdienste noch gar nicht angemessen belohnt worden ist. Ein insbesondere für persische Verhältnisse ungeheurer Vorgang, der entsprechend der im Reich üblichen Gepflogenheiten – die auch historisch belegt sind – umgehend korrigiert werden muss.[104]

Dramaturgisch geschickt und voller Ironie lässt der Erzähler die konkrete Gestalt der Ehrung Mordechais von Haman vorschlagen und danach von ihm in die Tat umsetzen. Er spielt dabei mit dem Nichtwissen und der Verwechslung. Der König kennt die Absichten Hamans und ihre Hintergründe nicht. Er bemerkt auch den Zusammenhang zwischen Mordechai und dem Volk nicht, dessen bevorstehende Auslöschung er genehmigt hat. Haman wiederum weiß nicht, dass der König von Mordechai spricht. Er denkt, es geht um ihn. Nicht weniger kurios wirkt die Tatsache, dass Haman und der König mitten in der Nacht oder in den frühen Morgenstunden aufeinandertreffen. Beide haben es eilig mit ihren zwar auf ein und dieselbe Person gerichteten, aber vollkommen gegensätzlichen Anliegen.

In seiner maßlosen und selbstbezogenen Art nennt Haman dem König die Auszeichnungen, die er anschließend selbst von ihm zu empfangen glaubt: ein

---

104 Vgl. dazu Ego, Ester, 299 f.

Gewand, das der König getragen hat, ein mit königlichem Schmuck versehenes Pferd, auf dem er geritten ist, das eigene Reiten darauf über den Platz der Stadt und schließlich die dortige öffentliche Proklamation des verliehenen Status. Die Ehrungen bringen die besondere Nähe und Beziehung zwischen dem König und der betreffenden Person zum Ausdruck. Im Grunde wünscht Haman sich nichts anderes, als an die Stelle des Königs zu treten, indem er in sein Gewand schlüpft und auf seinem Pferd reitet.[105] Historisch betrachtet sind die genannten Geschenke nicht vollkommen aus der Luft gegriffen. Kostbare Kleider und Schmuck spielten in diesem Zusammenhang auch bei den Persern eine wichtige Rolle.[106] Dass der Geehrte das Gewand und das Pferd anschließend behält, scheint dagegen nicht intendiert zu sein. Mordechai kehrt nach dem Vollzug der Auszeichnung relativ unbeeindruckt an seinen angestammten Platz im »Tor des Königs« zurück (Est 6,12). Wichtiger als materieller Gewinn ist im Rahmen des Ester-Buches seine mehrfach wiederholte Bezeichnung als »der Mann, an dem der König Gefallen hat«, die Haman auch in aller Öffentlichkeit aussprechen muss.

Angesichts dieser schmachvollen Niederlage eilt Haman traurig und mit verhülltem Haupt nach Hause. Seine Frau und seine Freunde, die ernsthaft oder ironisch »seine Weisen« genannt werden, deuten ihm das Geschehen: Haman wird nichts gegen Mordechai ausrichten, sondern im Gegenteil selbst zu Fall kommen. Als Begründung für ihre deprimierende Botschaft verweisen sie auf die Zugehörigkeit Mordechais zum

---

105 Darauf weist Ego, Ester, 306–307, hin.
106 Vgl. Ego, Ester, 306.310f.

jüdischen Volk. Der Erzähler legt ihnen an dieser Stelle die Überzeugung in den Mund, dass das jüdische Volk Bestand haben wird und seine Feinde daran nichts ändern können.

Nach dieser grundsätzlichen Aussage, die auf das übergeordnete Thema des Buches Ester verweist, kehrt die Erzählung zurück an den Ausgangspunkt des Rahmens, in den der Abschnitt vom beginnenden Aufstieg Mordechais und vom Scheitern der speziell gegen ihn persönlich gerichteten Pläne Hamans eingebettet ist. Das zweite Gastmahl Esters mit Haman und dem König steht bevor (Est 6,14). Es geht nun also wieder um die Frage, ob und wie Ester die Rettung ihres Volkes gelingt.

4.3.4. Esters Gastmahl und Hamans Tod (Est 7,1–10)
Die Erzählung enthält keinen Hinweis darauf, ob Ester etwas von dem mitbekommen hat, was im Anschluss an ihr erstes Gastmahl mit dem König und Haman geschehen ist. Zumindest aus erzählerischer Sicht wäre es jedenfalls nicht besonders klug, nach diesen Ereignissen die eigentliche Antwort auf die Frage, was Ester vom König begehrt, noch weiter aufzuschieben. Da weder der König noch Haman etwas von Esters Verbindung zu Mordechai wissen oder ahnen, können sie sich ihr gegenüber zunächst ganz unvoreingenommen verhalten. Während des Gastmahls wiederholt der König seine Frage nach ihrem Anliegen und das Versprechen, ihr diesen Wunsch zu erfüllen (Est 7,2 f., vgl. Est 5,3.6).

Bei den Höflichkeitsformeln, mit denen Ester ihre Antwort beginnt, fällt gegenüber Est 5,4 und Est 5,7 ein kleiner, aber feiner und sicher nicht unbedeutender Unterschied auf: Sie verwendet bei der ersten Anrede des Königs das »Du« (»Wenn ich Gefallen gefunden habe in deinen Augen, o König«).[107] Das dadurch zum Ausdruck gebrachte Vertrauensverhältnis kann ein Hinweis auf die persönliche Betroffenheit des Königs sein, die Ester sich von ihm angesichts dessen erhofft, was sie ihm mitteilen wird. Der Bitte um ihr (»mein«) Volk stellt sie darum auch die Bitte um ihr (»mein«) Leben voran. Sie drückt damit zum einen ihre Zugehörigkeit zum jüdischen Volk aus. Zum anderen setzt sie darauf, dass die Beziehung des Königs ihr gegenüber auch die Beziehung zu ihrem Volk einschließt.[108]

Auch bei der Begründung ihres Anliegens gibt sich Ester als jüdische Frau zu erkennen (»wir«, »mein Volk«). Sie bezeichnet sich und ihr Volk als »verkauft« und spielt damit auf das Geld an, das Haman dem König für die Preisgabe der Juden versprochen hatte (Est 3,9; 4,7). Doch nicht ihr künftiges Dasein als Sklaven sei das Ziel dieses Geschäfts, sondern ihre Vernichtung, wie Ester mit drei weitgehend synonymen Verben (»vernichten, töten, ausrotten«) nachdrücklich betont und dabei auf Hamans Vernichtungsedikt anspielt. Mit diesem Hinweis auf die existenzbedrohende Notlage in Verbindung mit der höflichen Anspielung auf die Lage Israels in Ägypten entschuldigt sie zugleich ihr Auftreten gegenüber dem König.

Noch hat Ester keinen Verantwortlichen genannt, was ein durchaus hintersinniger Zug des Erzählers sein kann, der diesen spannenden Moment noch ein wenig hinauszögert – wohl wissend, dass dem Leser natürlich die wahren Hintergründe bekannt sind. Der König dagegen scheint sich nicht zu erinnern. Sein Beitrag zu

---

107 Vgl. dazu Meinhold, Esther, 66.
108 Zu den rhetorischen Merkmalen der Rede Esters und ihrer Wirkung vgl. Ego, Ester, 326f.

dem tödlichen Plan Hamans bleibt an dieser Stelle unausgesprochen, wenn nicht die merkwürdige doppelte Redeeinleitung im hebräischen Text von Est 7,5 zumindest ein versteckter Hinweis darauf ist, dass der König seine Mitschuld erkennt und innerlich erschrickt. Als alleinigen Urheber benennt Ester schließlich Haman, der als das angeklagt und bloßgestellt wird, was er ist: ein bösartiger Feind der Juden. Damit hat Ester ihre Mission erfüllt. Alles Weitere liegt nun in der Hand des Königs. Interessant im Vergleich mit außerbiblischen Quellen ist, dass die Rolle von Frauen als Fürsprecherinnen sowohl für die griechische als auch für die persische Welt belegt ist.[109]

Der König braucht nach alldem erst einmal frische Luft und begibt sich in den Garten des Palastes – ein angesichts des bei dem Gastmahl erfolgten Weingenusses sehr beherrschter Umgang mit seiner Erregung angesichts der soeben bekannt gewordenen Dinge. Dem Erzähler bietet sich so die Gelegenheit, Haman in eine weitere selbstgestellte Falle tappen zu lassen: Statt dem König nachzueilen und sich zu erklären, wendet er sich um sein Leben bittend an Ester und kommt ihr dabei zu nahe. Sein Niederfallen in Richtung ihres Lagers kann als unerlaubter Annäherungsversuch verstanden werden,[110] wie es durch den in diesem Moment vom Garten in den Palast zurückkehrenden König auch geschieht. Er beschuldigt Haman, »sogar der Königin« Gewalt antun zu wollen. Auch diese Szene steckt voller

---

109 Siehe dazu Ego, Ester, 329f.
110 So Meinhold, Esther, 68, der auf altorientalische Haremserlasse verweist. Vgl. auch Ego, Ester, 331. Dies., Ester, 333, merkt an, dass die Annäherung an die verheiratete Frau auch eine Verletzung des Machtbereiches ihres Mannes (in diesem Fall des Königs) darstellt.

Ironie. Ob der König tatsächlich der Meinung war, Haman wolle Ester etwas antun, sie gar vergewaltigen, oder ob er die Situation absichtlich missversteht, um einen Vorwand zu haben, Haman loszuwerden, bleibt offen.[111]

Für eine Rechtfertigung bleibt Haman keine Zeit. Und auch Ester hat keinen Anlass, in irgendeiner Weise auf ihn einzugehen.[112] Das Buch Ester sieht die Vertilgung der Feinde des jüdischen Volkes vor. Und diese beginnt mit Haman, der sogleich seiner Strafe zugeführt wird. Dazu verhüllen die Diener zunächst sein Gesicht – ein Vorgang, den Haman in ähnlicher Weise schon einmal selbst an sich vollzogen hat, nachdem er Mordechai öffentlich ehren musste (Est 6,12). Das unvermittelte Auftreten einer weiteren Person – Harbona, der zu den in Est 1,10 erwähnten Beamten des Königs gehört – wirkt etwas eigenartig.[113] Auf diese Weise gelingt es dem Erzähler jedoch, Haman an genau jenem Pfahl oder Galgen sterben zu lassen, den dieser zuvor für Mordechai errichtet hatte. Und gleichzeitig kann Haman diese Tötungsabsicht in Gegenwart des Königs als weiterer schwerwiegender Anklagepunkt zur Last gelegt werden: Haman wollte die Person umbringen, die dem König das Leben gerettet hat und dafür besonders geehrt worden ist! Erst nach dem Tod Hamans legt sich der Zorn des Königs wieder.

---

111 Zur Diskussion darüber vgl. Ego, Ester, 332 f.
112 Zu dem Vorwurf, der Ester bzw. dem Erzähler deshalb gemacht wurde, vgl. Meinhold, Esther, 68.
113 Zur Deutung vgl. Ego, Ester, 334.

4.4. Die Rettung der Juden im persischen Reich und das Purimfest (Est 8,1–10,3)

Mit dem Tod Hamans ist im Buch Ester die Gefahr für die Juden im persischen Reich noch nicht gebannt und deshalb die Erzählung noch nicht zu Ende. Außerdem ist die Position des Vizekönigs vakant und neu zu besetzen. Die Darstellung des weiteren Aufstiegs von Mordechai und der endgültigen Rettung des jüdischen Volkes ist miteinander verschränkt. In diesen Rahmen hineingestellt sind die Instruktionen zur Feier des Purimfestes.

4.4.1. Mordechai wird geehrt, und Ester erwirkt vom König einen Gegenerlass zugunsten ihres Volkes (Est 8,1–17)

Der Fortgang der Erzählung knüpft zeitlich zwar eng an das Vorhergehende an, markiert aber dennoch eine gewisse Zäsur. Verstärkt wird sie dadurch, dass nun die Anwesenheit Mordechais vorausgesetzt wird und die Szene insgesamt im Vergleich zur Situation des Gastmahls wieder mehr wie eine offizielle Audienz wirkt. Jedoch beschreibt der Erzähler die ersten Maßnahmen nach dem Tod Hamans nur knapp, ohne auf Details einzugehen.

Zunächst erhält Ester vom König den gesamten Besitz Hamans. Das entspricht der im persischen Reich üblichen Praxis, wonach das Eigentum von Personen, die zum Tode verurteilt und hingerichtet worden waren, in die Verfügungsgewalt des Königs überging.[114] Die Übergabe an Ester muss im Zusammenhang mit den Plänen Hamans gesehen werden und stellt ein weiteres Element von deren Umkehrung dar: So wie Ha-

---

114 Vgl. Ego, Ester, 343.

man das Hab und Gut der Juden der Staatskasse zuführen wollte (Est 3,9.13), so wird nun sein Besitz den Repräsentanten des jüdischen Volkes übertragen. Als Verwalter setzt Ester ihren Cousin Mordechai ein. Über die Art der Beziehung zwischen ihnen beiden hatte Ester den König zuvor in Kenntnis gesetzt.

Als Verwandter der Königin erhält Mordechai Zugang zum königlichen Hof. Damit endet die räumliche Trennung zwischen Ester und Mordechai, die in Est 2,8 beginnt und bis zu diesem Moment bestehen blieb. Interessanterweise hatte die Ehrung Mordechais durch den König (Est 6,7–11) dieses Privileg noch nicht impliziert, hier musste der Erzähler auf die besondere Rolle Rücksicht nehmen, die Ester bei der Rettung des jüdischen Volkes zugedacht ist. Außerdem hatte der König die Mordechai zukommenden Ehren ja von Haman vorschlagen lassen, der freien Zugang zum Palast besaß und ihn für sich nicht zu wünschen brauchte. Der Aufstieg Mordechais vollzieht sich schrittweise in mehreren Etappen. Als nächstes wird er jetzt in die Stellung und Position als königlicher Generalbevollmächtigter eingesetzt, die zuvor Haman innehatte. Der Siegelring, den er vom König bekommt (vgl. Est 3,10), markiert diese Veränderung.

Die Gefahr für das jüdische Volk ist damit noch nicht gebannt. Der Vernichtungserlass ist nach wie vor in Kraft. Der Lösung dieses Problems wendet sich der Erzähler nun zu. Nicht immer erfüllt er dabei die Vorstellungen und Erwartungen, die der Leser diesbezüglich haben mag. So ist es Ester, die trotz der soeben verliehenen Vollmachten Mordechais wieder beim König zugunsten ihres Volkes vorspricht. Die Szene knüpft an das Gastmahl an, bei dem Ester dem König die Anschlagspläne Hamans offenbart hatte. Da inzwischen von dem Wohlwollen des Königs gegenüber Ester ausgegangen werden kann, muss das Audienzzeremoniell in diesem Fall formal weniger strikt eingehalten werden. Stärker als das korrekte Verhalten gegenüber dem König stehen hier Emotionalität und Dramatik im Vordergrund. Ähnlich wie Haman zuvor sich an Ester gewendet hatte, fällt Ester vor dem König nieder. Doch anders als Haman wendet sie sich an ihn nicht im Blick auf ihr eigenes Leben, sondern im Blick auf das ihres Volkes, als dessen Teil sie sich beschreibt und von dessen Geschick sie sich als persönlich betroffen kennzeichnet: Ester kann und will ohne ihr Volk nicht weiterleben. Die auffällige Häufung der Höflichkeitsformeln in der Rede Esters unterstreicht die Bedeutung ihres Anliegens. Der König muss mit Nachdruck für ihre Sache eingenommen werden. Denn noch immer steht die Existenz des jüdischen Volkes auf dem Spiel. Für dessen Rettung ist nun der letzte entscheidende Moment gekommen. Durch das Ausstrecken des Zepters signalisiert der König erneut das Wohlwollen gegenüber Ester (vgl. Est 5,3).

Esters Bitte ist als konkreter Vorschlag formuliert: Der in Form von Abschriften im persischen Reich veröffentlichte Erlass Hamans soll schriftlich widerrufen werden. Das wäre der einfachste und naheliegendste Weg. Dass er vom König als nicht gangbar erklärt wird, entlastet Ester und Mordechai von dem Vorwurf, sie hätten aktiv und zielgerichtet die Gewalt an den Gegnern der Juden initiiert. Die dem Leser bereits bekannte Unveränderlichkeit der Gesetze im persischen Reich (Est 1,19; vgl. zu diesem Motiv Dan 6,9.13.16) verhindert die Aufhebung des Erlasses gegen die Juden. Obendrein weist der König die Zuständigkeit von sich und überlässt es Ester und Mordechai, mit seiner Erlaubnis und in seinem Namen einen Gegenerlass herauszugeben. Dass Mordechai an dieser Stelle einbezogen wird, entspricht der Rolle Hamans, die dieser auch rein rechtlich bei dem ersten Erlass spielte. Als Bevollmächtigter des Königs ist es nun an Mordechai, der Verordnung die nötige Autorität zu verleihen.

Wie das Verhalten des Königs zu beurteilen ist, bleibt eine offene Frage. Entzieht er sich seiner Verantwortung, oder kann er wirklich nichts machen? Beides wirkt im Blick auf den Herrscher eines Weltreiches bedenklich. Inwiefern die Unveränderlichkeit persischer Gesetze den historischen Tatsachen entspricht, ist umstritten.[115] Ein literarischer Topos ist sie auf jeden Fall. Möglicherweise steht im Hintergrund zumindest der Eindruck der Zuverlässigkeit und vielleicht auch Unnachgiebigkeit der persischen Administration, der zu dieser Vorstellung geführt hat. Im Buch Ester wird jedoch die Absurdität einer solchen Praxis deutlich, wenngleich damit natürlich auch wieder die Spannung in der Erzählung steigt.

Das Umschlagen der beabsichtigten Vernichtung des jüdischen Volkes in die Vernichtung seiner Feinde gehört zu den schwierigsten Inhalten des Buches Ester. Eine wesentliche Ursache für diese Entwicklung liegt dem Erzähler zufolge im Versagen des Staates und in seiner Unfähigkeit, falsche Entscheidungen rückgängig zu machen und zu korrigieren. Die Bindung des Königs an die Gesetze mag ein beinahe moderner Gedanke sein – im konkreten Fall wirkt diese Bindung jedoch vollkommen absurd und grotesk, weil das fragliche Gesetz falsch ist. Ester und Mordechai haben deshalb keine andere Wahl, als die Juden im Reich durch einen Erlass zu schützen, der das Töten ihrer Gegner einschließt.

---

115 Ego, Ester, 346f., nennt einige Positionen.

Der Formulierung und Bekanntmachung dieses Erlasses widmen sich Est 8,9–14. Der Abschnitt weist zahlreiche Parallelen zur Abfassung und Verbreitung des ersten Erlasses (vgl. Est 3,12f.) auf. Teilweise stimmen die Formulierungen überein. Umso auffälliger sind die Unterschiede. Seit dem ersten Erlass vom 13. Tag des ersten Monats sind genau 70 Tage (23. Tag des dritten Monats) vergangen. Die Symbolik dieser Zahl bezieht sich auf die krisenhafte Spanne zwischen dem Beschluss zur Vernichtung der Juden und seiner Ergänzung durch den nun herausgegebenen Gegenerlass. Sie spielt eine Rolle bei der Dauer des babylonischen Exils in der prophetischen Literatur (70 Jahre, vgl. Jer 25,11; Sach 7,1–5). Obwohl damit bis zu dem einst festgesetzten Termin der Vernichtung der Juden (13. Tag des zwölften Monats) noch fast neun Monate Zeit sind, steigert der Erzähler die Geschwindigkeit bei der Bekanntgabe dieses zweiten Erlasses durch eine Reihe von inhaltlich schwer zu deutenden Ausdrücken, die sich aller Wahrscheinlichkeit nach auf die effektive Art der Übermittlung durch Reiter und Pferde beziehen.[116] Der Grund dafür wird einerseits darin gesehen, die Leidenszeit für die Juden (vgl. die symbolischen 70 Tage) nicht zu verlängern. Andererseits soll für Juden und Nichtjuden offenbar genügend Zeit zur Vorbereitung auf eben jenen 13. Tag des zwölften Monats bleiben, in der vor allem die nicht jüdischen Bewohner des Reiches die Gelegenheit haben, zu entscheiden, auf welcher Seite sie stehen (vgl. Est 8,17).

Inhaltlich läuft der Erlass, den Mordechai mit der Erlaubnis und im Namen des Königs verfasst, darauf hinaus, dass die Juden sich gemeinsam verteidigen dürfen

---

116 Siehe dazu Ego, Ester, 349.

(»für ihr Leben einstehen«), wenn sie von ihren Feinden angegriffen werden. Betont wird dabei besonders die Bewaffnung der Gegner (»jede bewaffnete Macht«) und der Gebrauch dieser Waffen (»die sie anfeinden«). Diese (und nur diese) feindlichen Kräfte sollen bzw. dürfen vernichtet werden. Bei der Wortwahl entspricht die Tötungserlaubnis dem Erlass Hamans. Wobei hier wie auch an anderen Stellen im Buch Ester die weisheitliche Überzeugung eine Rolle spielen dürfte, dass die böse Tat auf den bzw. die Täter zurückfällt.

Vor allem einer Aussage kommt bei der Beurteilung des Gegenediktes besonderes Gewicht zu: der Apposition »Kinder und Frauen« in Est 8,11. Häufig wurde und wird sie auf die Gegner bezogen und dahingehend verstanden, dass die Juden nun ihrerseits auch Kinder und Frauen umbringen dürfen. Die Formulierung in Est 3,13 scheint für diese Deutung zu sprechen. Dort ging es um »alle Juden, vom Knaben bis zum Greis, Kinder und Frauen«, die getötet werden sollen. Syntaktisch liegen die Dinge in Est 8,11 jedoch anders. So fehlt nicht nur die Angabe »vom Knaben bis zum Greis«, die Apposition »Kinder und Frauen« ergänzt dort auch das Objekt der Partizipialverbindung »die ihnen (d. h. den Juden) feindlich gesinnt sind« näher. Die Rede ist also von jüdischen Kindern und Frauen und dem Fall, dass sie angegriffen werden.[117] In diesem Punkt weicht das Gegenedikt deutlich von dem Erlass Hamans ab. Es enthält demnach keine absolute und pauschale Erlaubnis oder gar Aufforderung zum Töten. Der rechtliche Begriff der »Rache«, den Est 8,13 verwendet, grenzt das Vorgehen auf die beschriebenen Fälle ein und bindet das Strafmaß an das begangene

---

117 So u. a. Ego, Ester, 349–351, vgl. auch Kessler, Juden, 337–339.

Unrecht. Das Umbringen des Gegners ist dadurch zwar möglich – jedoch nur in dem Fall, dass er zuvor selbst Leben bedroht oder zerstört hat. Das Plündern der Beute entspricht wieder dem ersten Edikt. Nach Est 9,16 vergreifen sich die Juden am Hab und Gut ihrer Gegner jedoch gerade nicht.

Mit der Notiz, dass Mordechai die Audienz beim König verlässt, schließt sich der Kreis zum Beginn des Kapitels. Sein Aufstieg und seine neue Stellung werden nun öffentlich bekannt. Die Stoffe und Farben der Kleidung, die Mordechai dabei trägt, entsprechen den üblichen Gepflogenheiten und drücken die Zugehörigkeit zum Bereich der königlichen Macht aus.[118] Sie erinnern an die Beschreibung des königlichen Hofes beim Gastmahl des Königs für das Volk am Anfang des Buches (vgl. Est 1,6). In Bezug auf Mordechai begegnet das Motiv des Kleiderwechsels hier zum dritten Mal. Hatte er nach Bekanntwerden des Vernichtungserlasses gegen das jüdische Volk seine Kleidung gegen ein Trauergewand getauscht (Est 4,1) und die Kleiderspende Esters abgelehnt, beinhaltete seine erste Ehrung durch den König, die Haman vollziehen musste, ebenfalls eine – zumindest zeitweise – andere Kleidung (Est 6,9–11). Sein endgültiger Aufstieg geht nun wiederum mit einem Kleiderwechsel einher.

Dass der Erzähler die beiden Aufstiegsszenen in Est 8,1f. und 8,15 durch die Formulierung des Gegenerlasses unterbricht, hat sicher verschiedene Gründe. Ganz wesentlich dürfte sein, dass der Erlass beides voraussetzt: die Einsetzung Mordechais in seine Position als Vizekönig und die Formulierung des Erlasses durch ihn. Das Öffentlichwerden des Erlasses und des Auf-

---

118 Vgl. Ego, Ester, 352f.

stiegs von Mordechai sowie die Freude darüber können daher nur in der Weise in eins fallen, wie es in der Erzählung geschieht. Dabei wird auch sprachlich auf die in Est 4,3 geschilderte Reaktion nach dem Bekanntwerden des Vernichtungsediktes gegen das jüdische Volk zurückgegriffen. Die Formulierung ist hier wie dort viergliedrig, in Est 8,16 f. liegt eine Verdoppelung vor: Die Freude und der Jubel, die nun herrschen, sind an die Stelle der Bestürzung und Trauer von damals getreten und überwiegen sie. Statt Anlass für Selbstminderungsriten und Fasten gibt es nun Grund zum Trinken und Feiern. Auch die Unterscheidung zwischen der Stadt Susa und dem persischen Reich insgesamt wird in diesem Zusammenhang wieder aufgegriffen (vgl. Est 3,15; 4,3).[119]

An diesem Punkt in der Erzählung ist freilich noch nicht klar, was an jenem 13. Tag des zwölften Monats geschehen wird. Der Ausgang ist offen. Aber auch wenn der zweite Erlass den ersten nicht aufheben kann, verfehlt er seine Wirkung bereits im Vorfeld nicht. Denn »viele von den Völkern des Landes schlossen sich den Juden an, weil der Schrecken der Juden auf sie gefallen war« (Est 8,17). Über das Verständnis dieses Satzes gehen die Meinungen in der Forschung auseinander. Das Verb »sich zum Judentum hinwenden«, das hier verwendet wird, kommt in der Hebräischen Bibel nur an dieser einen Stelle vor. Was damit gemeint ist, lässt sich darum nur schwer sagen.[120] Denkt der Erzähler an so etwas wie »Konversion«, bei der Menschen zum Judentum als religiöse Gemein-

---

119 Zum Vergleich der Formulierungen in Est 3,15; 4,3 und Est 8,16 f. siehe Ego, Ester, 353 f.
120 Vgl. die verschiedenen Deutungen bei Ego, Ester, 355 f.

schaft »übertreten« und sog. »Proselyten« werden? Geben sie sich möglicherweise nur zum Schein als Juden aus? Oder geht es darum, dass Angehörige anderer Völker sich auf die Seite der Juden stellen und aus Gegnern Verbündete werden?

Genauso wenig wie eine reichsweite Verfolgung der jüdischen Minderheit und eine von ihr ausgehende Verteidigungsaktion dieses Ausmaßes ist eine Hinwendung zum Judentum im großen Stil im persischen Reich Realität gewesen. Der Erzähler deutet mit dieser sehr weitreichenden Konsequenz an, dass es zumindest die Chance gab, das Verhalten gegenüber Juden zu ändern und sich nicht als Judenfeind zu verhalten. Gleichzeitig greift er hier Vorstellungen auf, die vor allem in der späten prophetischen Literatur der Hebräischen Bibel begegnen. Dazu gehört die Vision von der friedlichen Wallfahrt der Völker zum Zion und ihrer Hinwendung zum Gott Israels und zu seinem Volk (vgl. Jes 2,2–5; Mi 4,1–5). Im Hintergrund dieses Hoffnungsbildes steht die vielfache militärische Bedrohung durch die Großreiche des Alten Orients (Assyrer, Babylonier) und ihre Heere in der Vergangenheit. Sie ist zum Inbegriff der feindlichen Angriffe geworden und wird nun in ihr Gegenteil verkehrt (vgl. Ps 2; Jes 60,1–22). Die Vorstellung, dass Angehörige anderer Völker sich den Juden anschließen und den Gott Jhwh verehren, begegnet mehrfach auch ohne das Motiv der Völkerwallfahrt (vgl. Jes 56,3.6; Sach 2,15; Mal 1,1).[121] Der Erzähler sieht im Buch Ester die Erfüllung solcher prophetischen Heilsansagen gekommen. Insbesondere für die Zeit der Makkabäer bzw. Hasmonäer lässt sich die Konversion zum Judentum

---

121 Siehe dazu Ego, Ester, 357f.

(Proselytismus) quellenmäßig tatsächlich belegen.[122] Im Buch Judit wird sie am Beispiel Achiors thematisiert (vgl. Jdt 14,6).

In Est 8,17 geschieht die Hinwendung zum Judentum aufgrund der Furcht, die die Juden unter der nicht jüdischen Bevölkerung auslösen. Der »Schrecken«, von dem hier die Rede ist, hat eine religiöse Komponente. Es handelt sich um das, was die Begegnung mit der Gottheit oder mit einem ihrer Repräsentanten (einzelne Personen, das Volk als Ganzes) auslöst (vgl. Gen 31,42.53; 1 Sam 11,7 u. a.). In der Hebräischen Bibel begegnet diese Vorstellung im Zusammenhang mit dem sog. »Jhwh-Krieg«.[123] Gemeint ist dabei der »Schrecken«, der die Feinde angesichts der militärischen Stärke Israels und des kämpferischen Einsatzes seines Gottes befällt (vgl. Ex 15,16; 23,27; Jos 2,9; 24,11 u. a.). In persischer Zeit wurde dieses Motiv ganz neu aufgegriffen und mit einer universalen Komponente versehen: Nicht mehr ein unmittelbarer, lokaler Kriegsgegner ist betroffen, sondern die weltweite Völkergemeinschaft.

4.4.2. Der Tag des Unheils wird zum Tag des Heils (Est 9,1–19)

Was nun vom Spannungsbogen her im Buch Ester noch aussteht, ist die Schilderung der Ereignisse an jenem Tag, auf den die beiden Erlasse zielen. Dies geschieht in Est 9,1–19. Zahlreiche Indizien weisen darauf hin, dass in Est 9 die Entstehungsgeschichte des Textes ihre deutlichsten Spuren hinterlassen hat.[124] Sie hängen ver-

---

122 Vgl. Ego, Ester, 360.
123 Vgl. die Belege bei Ego, Ester, 358–360.
124 Vgl. Meinhold, Esther, 79f.; Ego, Ester, 374f.

mutlich mit der Umgestaltung zu einer Gründungserzählung für das Purimfest zusammen, dessen Einführung im zweiten Teil des Kapitels behandelt wird.

In zusammenfassender Weise beschreiben Est 9,1–4 die Vorgänge am 13. Tag des zwölften Monats. Dabei bestimmt Est 9,1 diesen Tag näher und wirkt wie eine Überschrift. Es ist der Tag, an dem »das Wort des Königs und seine Verordnung« ausgeführt werden sollte, die Feinde der Juden »hofften, ihrer Herr zu werden«, aber stattdessen die Juden umgekehrt »Herr über ihre Hasser« wurden. Auf welchen der beiden Erlasse hier Bezug genommen wird, geht aus der in dieser Hinsicht mehrdeutigen Formulierung nicht klar hervor. Wenn nicht beide zugleich gemeint sind, kommt nach der Logik der Erzählung nur der zweite in Frage. Anderenfalls würde die Rettung des jüdischen Volkes als etwas erscheinen, das dem Willen des Königs nicht entspricht. Das Geschehen am Tag der Entscheidung wird im Blick sowohl auf die Juden als auch auf ihre Gegner als »Herr werden« bzw. »Macht gewinnen« bezeichnet. Diese Wortwahl ist neu im Buch Ester und weicht von den beiden Erlassen ab. Es geht dabei um eine Machtausübung und Verfügungsgewalt allgemeiner Art, nicht vorrangig um das Töten im kriegerischen Kontext. Die Formulierung passt zum einleitenden und zusammenfassenden Charakter von Est 9,1.

Der zweite Begriff, den der Erzähler für seine Deutung des Geschehens gebraucht, ist der einer »Wende« bzw. »Verwandlung«. Statt dass die Feinde sich der Juden bemächtigen können, bemächtigen sich nun umgekehrt die Juden ihrer Feinde. In der Hebräischen Bibel ist es häufig Gott, der etwas »wendet« oder »verwandelt« (vgl. Ex 7,17.20; 10,19; Ps 30,12; 66,6 u. ö.). Wenn der Erzähler in Est 9,1 die passive Verbform benutzt, kann das als versteckter Hinweis auf das Handeln Gottes verstanden werden.[125] Eine theologische Komponente hat die Wortwahl auf jeden Fall. Wie so oft im Buch Ester wird sie jedoch auch hier nicht explizit ausgesprochen, so dass es sich letztlich nur um eine Deutungsmöglichkeit handelt, die dem Leser bzw. der Leserin des Textes überlassen bleibt.

Est 9,2–4 gehen auf Einzelheiten näher ein und geben Gründe für den Erfolg der Juden an. Gemäß dem zweiten Erlass versammeln sie sich, um gegen ihre Feinde vorzugehen. Abweichend von den bisherigen Formulierungen ist davon die Rede, dass die Juden »Hand anlegen gegen diejenigen, die ihnen Böses wollen«. Mit »Hand anlegen an/gegen« war auch die Absicht der beiden Verschwörer in Est 2,21 und das geplante Vorgehen gegen die Juden in Hamans Erlass (Est 6,2) bezeichnet worden. Die Wortwahl impliziert die Tötung des Gegners. Inwiefern der Text tatsächlich Kampfhandlungen mit tödlichem Ausgang für die Feinde der Juden im Blick hat, muss offen bleiben.[126] Die wiederholte Aussage vom »Schrecken der Juden«, der auf die Völker fällt, so dass »niemand vor ihnen stand«, könnte als Lähmung der gegen die Juden gerichteten Angriffe gedeutet werden, die eine entsprechende Gegenwehr überflüssig macht. Wenn »alle Völker« von diesem »Schrecken« erfasst werden, so ist das nicht als Hinweis auf die Feindschaft aller Völker gegenüber dem jüdischen Volk zu verstehen. Wie Est 8,17 zeigt, gibt es verschiedene Möglichkeiten, sich zu verhalten. Keinen Bestand haben nur diejenigen, die sich wie Haman als Feinde der Juden erweisen. Diesen Gedanken entfaltet Est 9,3 im Blick auf die hohen Beamten und Würdenträger des Reiches.

---

125 Vgl. Ego, Ester, 377–379.
126 Siehe dazu die Diskussion bei Ego, Ester, 379.

Auch hier bewirkt der Schrecken etwas für das jüdische Volk Positives: Es erfährt von den Vertretern der Staatsmacht Unterstützung. Wohl entsprechend ihres Ranges ist hier speziell vom »Schrecken Mordechais« als Auslöser die Rede (Est 9,4), der seinen Grund in Mordechais neuer Stellung und Funktion am königlichen Hof (im »Haus des Königs«) hat (vgl. Est 9,4).[127] Wie die genannte Unterstützung genau aussieht, darüber schweigt der Text. Der hebräische Wortlaut kann die Beförderung einer Person und deren sozialen Aufstieg ebenso ausdrücken wie die Ausstattung mit materiellen Gütern. Eine kriegerische Konnotation liegt dagegen in der Regel nicht vor.[128] Est 9,3 hat insofern eher ein wohlwollendes Handeln der persischen Verwaltung im Blick.

Mit den Aussagen über den Aufstieg Mordechais knüpft der Erzähler an Est 8,1f.15 an. Mordechais Einfluss und Wirkung nehmen zu und breiten sich ausgehend vom Palast des Königs in Susa auf das gesamte Reich aus. Die Bezeichnung als »großer Mann« entspricht der Charakterisierung von Mose in Ex 11,2f. – eine Parallele, die sicher kein Zufall ist. In den Literaturbereich der Chronik- und der Makkabäerbücher weist dagegen das Motiv des von einer einzelnen Person – in diesem Fall von Mordechai – ausgehenden »Schreckens«.[129] Zu dieser Beschreibung würden die abschließenden Aussagen über Mordechai am Ende des Buches (Est 10,1–3) nahtlos passen und ein plausibles Ende der Erzählung bilden. Dazwischengeschaltet ist jedoch eine spezielle Beschreibung der Vorgänge in

---

127 Vgl. Meinhold, Esther, 83.
128 Vgl. Ego, Ester, 380f.
129 Zu den verschiedenen intertextuellen Bezügen der Charakterisierung Mordechais in Est 9,3f. vgl. Ego, Ester, 382–384.

Susa, die auf eine unterschiedliche Praxis der Feier des Sieges der Juden (ihrer »Ruhe«) in Susa und in den Provinzen des Reiches hinausläuft (Est 9,5–19). Diese Inhalte stehen im Zusammenhang mit den beiden folgenden Erlassen zur Einführung des Purimfestes in Est 9,20–28 (Purimbrief Mordechais) und Est 9,29–32 (Purimbrief Esters).

Der Abschnitt Est 9,5–19 beginnt mit einer zusammenfassenden Aussage (Est 9,5), die einerseits an Est 9,1 anknüpft, in der Wortwahl demgegenüber aber teilweise auch andere Akzente setzt. Das Töten der Gegner wird nun explizit als solches bezeichnet. Mit dem Hinweis, dass dies dem Willen der Juden entspricht, meint der Erzähler den Erlass, den Mordechai mit Erlaubnis des Königs herausgegeben hatte (Est 8,7–14). Während Est 9,1–4 eher allgemein formuliert war, scheint Est 9,5–16 genauer beschreiben zu wollen, was mit den Feinden des jüdischen Volkes geschieht. Dabei werden auch Angaben zur Zahl der Getöteten gemacht.

Als Erstes sind die Verhältnisse in Susa im Blick. Während Est 9,6.11 speziell von der »Burg Susa« spricht, ist in Est 9,13–15 nur von Susa allgemein die Rede. Mit der Unterscheidung zwischen der Residenz im engeren Sinne (»Burg«) und der Stadt insgesamt könnte der Erzähler einen Grund dafür liefern wollen, warum die Juden in Susa an zwei Tagen gegen ihre Feinde vorgegangen sind: zunächst im kleineren Palastbezirk und anschließend im Rest der Stadt. Dass die Opferzahlen in Susa (insgesamt 810 Personen) im Verhältnis zum gesamten Reich und seinen 127 Provinzen (75.000 Personen) relativ hoch sind, soll vielleicht als Hinweis darauf verstanden werden, dass im Zentrum der Macht die Feindschaft gegenüber den Juden besonders groß war. Historisch betrachtet übersteigen die Angaben alles, was möglich und denkbar ist, bei Weitem.

Zu den Getöteten in Susa gehören auch die zehn Söhne Hamans. Mit ihnen hatte Haman in Est 5,11 geprahlt. Ihre Anzahl und ihre Namen erfahren wir nur hier an dieser Stelle. Ob es sich dabei um mehr als ein literarisches Element der Erzählung handelt, lässt sich kaum sagen. Die Erwähnung der Söhne Hamans und die Aussagen über ihren Tod dürften in erster Linie aus anderen Gründen wichtig sein. Es geht v. a. um die restlose Auslöschung der Person Hamans und seiner Pläne, was nach antikem Denken die Beseitigung der Nachkommen einschließt. Was Saul in 1 Sam 15 unterlassen hat, ist nun endgültig geschehen. Aufgrund der engen Verbindung zwischen Vätern und Söhnen im altorientalischen Denken ist das Vorgehen gegen die Söhne Hamans letztlich konsequent und plausibel.

Dass die Juden sich nicht am Hab und Gut ihrer Feinde vergriffen haben, wird ausdrücklich vermerkt (Est 9,10) und auch später noch einmal betont (vgl. Est 9,15f.). An diesem Punkt weichen sie von dem Gegenerlass ab, der Plünderungen erlaubt (vgl. Est 8,11). Eine Umkehr des entsprechenden Passus im Vernichtungsedikt Hamans (vgl. Est 3,13) findet in der Praxis also nicht statt. Die Gründe dafür dürften in den Vorstellungen vom Jhwh-Krieg liegen, die in Est 9 aufgegriffen werden.[130] Dazu gehört, dass der Besitz der besiegten Feinde tabu ist.

Zwischen die beiden Sequenzen, die sich mit den Ereignissen am entscheidenden 13. Tag des zwölften Monats in Susa beschäftigen, ist ein Gespräch zwischen dem König und Ester platziert (Est 9,12f.). Es ist not-

---

130 Vgl. Ego, Ester, 385–387.

wendig, weil beide Erlasse nur diesen einen Tag für Angriff und Gegenwehr vorgesehen hatten. Die Praxis des Purimfestes setzt aber zwei (unterschiedliche) Termine voraus, was einer Erklärung bedarf. Ohne Zustimmung des Königs kann es keine Verlängerung über den 13. Tag hinaus geben. Zunächst erfährt der König von der Zahl der Feinde der Juden, die in der Residenz von Susa im engeren Sinne getötet wurden (Est 9,11). Seine Frage nach der Situation in den übrigen Teilen seines Reiches ist rhetorischer Natur. Den Angaben in Est 9,16 will der Erzähler hier nicht vorgreifen. Wichtiger für ihn ist die andere Frage, die der König an Ester richtet: Die Frage, was sie sich darüber hinaus noch wünsche. Sie erfolgt unvermittelt und hat zu vielen Spekulationen Anlass gegeben. Letztlich liegt sie in den zwei Purimtagen begründet, die dem Text vorgegeben sind.[131] Die Besonderheiten der Darstellung gegenüber dem bisher Erzählten sind natürlich auffällig: So wendet der König sich diesmal von sich aus an Ester. Und Ester kommt ohne große Umschweife und unter weitgehendem Verzicht auf ausführliche Höflichkeitsformeln mit ihrem Anliegen zur Sache.

Neben einem weiteren Vergeltungstag für die Juden in Susa am 14. Tag des zwölften Monats, nunmehr in der gesamten Stadt, erbittet sich Ester, dass die Leichname der Söhne Hamans aufgehängt und so öffentlich zur Schau gestellt werden. Dies kann als Maßnahme zur Abschreckung verstanden werden, bedeutet aber auch eine besondere Erniedrigung der Getöteten. Nach der Zustimmung und der schriftlichen Genehmigung durch den König geschieht, worum Ester gebeten hatte (Est 9,14f.). Dass der König diesmal selbst das Gesetz

---

131 Vgl. Meinhold, Esther, 86; Ego, Ester, 388.

erlässt, konkurriert mit den Aussagen in Est 8,8, wo er diese Aufgabe an Mordechai und Ester delegiert.

Auf die Ereignisse in den anderen Teilen des Reiches kommt Est 9,16f. zu sprechen. Die Angaben sind summarisch. Auch hier haben sich die Juden am 13. Tag des zwölften Monats versammelt und im Ergebnis 75.000 Gegner getötet. Eine solche Zahl mag erschrecken und ein negatives Licht auf das Buch Ester und das jüdische Volk werfen. Sie bedeutet aber in der Logik der Erzählung, dass es im persischen Reich trotz allem noch so viele Menschen gab, die den Juden feindlich gegenüberstanden.[132] Der Erzähler geht von einer enormen Bedrohung des jüdischen Volkes aus. Dass sie für möglich gehalten wird, ist das Bestürzende daran. Zum dritten und letzten Mal wird in Est 9,16 ausdrücklich betont, dass sich die Juden am Eigentum der getöteten Feinde nicht vergriffen haben (vgl. Est 9,10.15). Diese Maßgabe des zweiten Erlasses setzen sie nicht in die Tat um. Anders als Haman es gegenüber den Juden geplant hatte (vgl. Est 3,13), wollen sie sich nicht an ihren Feinden bereichern.

Mit dem Hinweis, dass die Juden in den Provinzen am 14. Tag des zwölften Monats »ruhten«, leitet Est 9,17 über zu den Regelungen, die das Purimfest betreffen. Der Tag nach dem erfolgreichen Kampf gegen die Feinde wird zum Festtag. Für die Juden in der Stadt Susa ist das entsprechend der 15. Tag des zwölften Monats (Est 9,18). Aufgrund dieser Unterscheidung stehen nun auch noch einmal am Schluss der dramatischen Ereignisse, die das Buch Ester erzählt, zwei Festgelage – das letzte Paar von insgesamt vier. Das »Ruhen« bezieht sich dabei auf das Ende der Kampf-

---

[132] In diesem Sinne auch Achenbach, Genocide, 106.

handlungen. Gleichzeitig drückt diese Wortwahl das Erreichen eines Ziels aus. Gut möglich, dass hier auch theologische Implikationen zur Sprache gebracht werden.[133] An anderen Stellen in der Hebräischen Bibel ist die Ruhe des Volkes ein umfassender Heilszustand, der dem Willen Gottes entspricht und sich seinem Handeln verdankt (vgl. Dtn 3,20; 12,10; Jos 1,13.15; Jes 32,18 u. ö.).

Auch Est 9,19 hat bereits bestimmte Traditionen des Purimfestes im Blick. Es geht hier speziell um die Juden, die außerhalb von Susa in den Provinzen leben. Der bis heute übliche Brauch, sich gegenseitig Geschenke zu machen, entspricht dem Purimbrief Mordechais (Est 9,22). Von der verwendeten Begrifflichkeit und der Formulierung her steht der Vers in seinem Kontext allerdings etwas isoliert da, weshalb er als ein späterer Zusatz gilt.[134]

4.4.3. Das Purimfest (Est 9,20–32)

Mittels zweier Erlasse wird aus der einmaligen Feier des Sieges über die Feinde ein jährlich wiederkehrendes Ritual. Wie an anderen Stellen in der Hebräischen Bibel ist hier eine religiöse Praxis mit einer Erzählung verknüpft, die diese Praxis begründet. Formal und inhaltlich spricht vieles dafür, dass die Textpassagen, die sich mit dem Purimfest beschäftigen, erst nachträglich in diesen Zusammenhang gebracht worden sind.[135] Das Buch Ester ist damit die einzige Schrift in der Hebräischen Bibel außerhalb der Tora, in der ein für Juden verbindliches Gebot formuliert wird. Diese Verbind-

---

133 So u. a. Ego, Ester, 391 f.
134 So u. a. Meinhold, Esther, 87; vgl. auch Ego, Ester, 393.
135 Vgl. Ego, Ester, 402 f.

lichkeit unterstreichen die Instruktionen zum Purimfest nachdrücklich und vehement.

Für den ersten Erlass (Est 9,20–22) zeichnet Mordechai verantwortlich. Die Verordnung gilt wieder im gesamten persischen Reich, richtet sich diesmal aber ausschließlich an die jüdische Bevölkerung. Wohl deshalb muss anders als bei den vorherigen Schreiben die Zustimmung des Königs nicht eingeholt werden. Manche Auslegerinnen und Ausleger denken bei dem genannten Schriftstück an das Buch Ester, das somit hier auf Mordechai als Autor zurückgeführt werden würde. Andere beziehen die Aussage in Est 9,20 auf die nachfolgend wiedergegebenen Inhalte (Est 9,21f.).[136] Dafür spricht auch der Rückbezug in Est 9,23: Gegenstand des Schreibens ist die Feier des Purimfestes und dessen Begründung durch die zurückliegenden Ereignisse.

Im Unterschied zu den Ausführungen in Est 9,17–19 nennt Est 9,21 die beiden Purimtage in einem Atemzug. Handelt es sich dabei um einen Widerspruch oder liegt lediglich eine zusammenfassende und verkürzte Ausdrucksweise vor, die nur die beiden Termine nennt, sich aber die Zuordnung zu den verschiedenen Gruppen, für die sie gelten, spart? Letzteres ist wohl das Wahrscheinlichste.[137] Interessanterweise macht der Erlass die »Ruhe« vor den Feinden zum Gegenstand des Festes, nicht den Kampf und auch nicht den Sieg im engeren Sinne (Est 9,22). Darum werden die beiden Kampftage (13. und 14. Adar) als Datum nicht noch einmal genannt. Nur allgemein ist vom Monat die Rede, in denen die Wende vom »Kummer zur Freude« und von der »Trauer zum Festtag« stattgefunden hat.

---

136 Vgl. Ego, Ester, 403.
137 Vgl. Ego, Ester, 405.

Abschließend beschreibt der Erlass, wie die Purimtage begangen werden sollen. Von den vier Bestimmungen dazu sind Festgelage und Freude bereits an anderer Stelle im Buch Ester als Reaktion auf den Sieg der Juden über ihre Feinde genannt worden (Est 8,15–17; 9,18f.). Die dritte, das gegenseitige »Schicken von Anteilen«, begegnete erst in Est 9,19. Und vollkommen neu sind die Geschenke an die Armen. Beide Bräuche haben keinen direkten inhaltlichen Bezug zur Erzählung, werden aber auch nicht näher erläutert. So bleibt offen, worum es sich bei den als »Anteile« bezeichneten Gaben genau handelt. Im Kontext des Purimfestes kann im Grunde nur etwas gemeint sein, was Freude bereitet. Ein Ausfluss dieser Praxis scheint das Beschenken der Armen zu sein, die auf diese Weise auch die Mittel und Möglichkeiten zum Feiern und Fröhlichsein bekommen sollen. Es wird vermutet, dass im Hintergrund die Deutung des Begriffes »Purim« als »Tage der (Los-)Anteile« oder »Schicksalstage« steht, deren positiver Ausgang durch Gaben und Geschenke ausgedrückt wird, die bei ihrem Empfänger Freude hervorrufen.[138]

Von der Umsetzung des Erlasses handelt Est 9,23. Dabei überrascht die Aussage, dass die Juden schon vor der schriftlichen Anordnung Mordechais damit begonnen hatten, sich deren Inhalt entsprechend zu verhalten. Das kann sich nicht auf die Siegesfeiern in Est 9,17–19 beziehen, da diese nicht vollständig den Regelungen im Purimbrief Mordechais entsprechen. Auch die nochmalige ausführliche Begründung des Festes in Est 9,24–28 deutet auf die ursprüngliche Unabhängigkeit des Purimfestes von der Erzählung im Buch Ester

---

138 Vgl. Meinhold, Esther, 90.

hin. Das Buch Ester dient dazu, eine nachträgliche Erklärung für die Herkunft des Festes, für seinen Namen und für sein Brauchtum zu liefern und es in der jüdischen Gemeinschaft insgesamt durchzusetzen.[139]

Die Zusammenfassung, die Est 9,24–26a zu den Ereignissen liefern, bezieht sich v. a. auf Inhalte in Est 3–8, weist aber im Vergleich dazu zahlreiche Unterschiede auf. So dient beispielsweise Hamans Loswurf nicht der Terminfindung, sondern wird als solcher bereits als Maßnahme gegen die Juden (»um sie zu schrecken und zu töten«) bezeichnet. Außerdem erfolgt die Hinrichtung Hamans dieser Lesart zufolge erst nach dem Verfassen des Gegenerlasses. Die größte Auffälligkeit besteht darin, dass Ester und Mordechai nicht erwähnt werden. Ebenso wenig ist von Kampfhandlungen der Juden gegen ihre Feinde die Rede. Die »Lösung« des Konfliktes besteht darin, dass der König per Dekret den bösen Plan Hamans auf diesen selbst zurückfallen lässt und Haman zu Tode kommt. Schwerpunktmäßig befasst sich der Abschnitt mit dem Namen des Festes, den er mit dem Werfen des als »Los« gedeuteten »Pur« erklärt, ohne dass sich jedoch der Plural »Purim« hinreichend aus den geschilderten Sachverhalten ergibt. Möglicherweise liegt hier die verkürzte Fassung einer anderen Erzählung vor.[140]

In mehrfach gesteigerter Form und in bedeutungsvollem, feierlichem Ton thematisieren Est 9,26b–28 ein weiteres Mal die Einführung des Purimfestes und betonen seine zeit- und raumübergreifende, ja geradezu universale Gültigkeit. Neben dem entsprechenden Erlass Mordechais sind es nun auch eigene Anschauung

---

139 Vgl. Ego, Ester, 407.
140 So Ego, Ester, 409.

und zusätzliche Berichte, was die Juden dazu veranlasst. Über sich selbst und ihre Nachkommen hinaus wird die Pflicht zur Feier von Purim auch auf die Menschen ausgedehnt, die sich dem Judentum anschließen. Sie gilt immer und überall und gehört zum Kern des Judentums.

Nach Mordechai verfasst auch Ester ein Schreiben zur Einführung des Purimfestes (Est 9,29–32). Dahinter verbirgt sich offenbar das Anliegen, ihr diesbezüglich auch eine maßgebliche Rolle zukommen zu lassen. Die syntaktisch nachklappende Angabe »und Mordechai der Jude« ist wahrscheinlich eine spätere Zutat.[141] Das kurze Textstück wirft zahlreiche Fragen zu seiner Herkunft und seinem Verständnis auf. Inhaltlich enthält es kaum Aussagen, die über den Purimbrief Mordechais (Est 9,20–22) hinausgehen. Es wirkt wie seine Bestätigung, was in Est 9,31 auch so formuliert wird. Neu sind das »Fasten« und das »Wehklagen« als Bestandteile des Festes. Diese Elemente erinnern an das Fasten und Trauern der Juden im persischen Reich nach Bekanntwerden des gegen sie gerichteten Vernichtungserlasses (Est 4,1.3). Als Ester sich später zur Intervention zugunsten ihres Volkes beim König entschließt, fastet sie ebenfalls und ruft die Juden von Susa auf, es ihr gleichzutun (Est 4,16).

Merkwürdig ist die in der Hebräischen Bibel einmalige Verwendung des Plurals bei dem Begriff »Fasten«. Außerdem lässt die Anordnung offen, wann diese Fasten und dieses Wehklagen stattfinden sollen und in welchem zeitlichen Verhältnis zum Purimfest sie stehen. Die ältesten jüdischen Quellen kennen kein Fasten im Zusammenhang mit dem Purimfest. Der erste Beleg

---

141 Vgl. Ego, Ester, 411–413.

stammt aus dem 8. Jh. Syntaktisch betrachtet ist es ohnehin fraglich, ob hier überhaupt eine entsprechende Praxis etabliert und auf Mordechai und Ester zurückgeführt werden soll. Das »Fasten« und »Wehklagen« ist nur als Vergleich für die Einführung des Purimfestes formuliert. Manche Auslegerinnen und Ausleger verstehen den Text als Hinweis auf die Ablösung exilischer Fasten- und Trauerbräuche durch Freudentage wie das Purimfest und verweisen u. a. auf Sach 8,19, wo die Verwandlung von Fasten- in Freudentage in Aussicht gestellt wird.[142] Mit der zusätzlichen Niederschrift wird die Verbindlichkeit der Anordnung Esters deutlich gemacht und unterstrichen. Ob man bei dem genannten Schriftstück an eine Chronik oder gar die persische Rechtssammlung zu denken hat, bleibt offen.

4.4.4. Des Königs Steuer und Mordechais Andenken (Est 10,1–3)

Nach der langen Unterbrechung durch die differenziertere Darstellung der Ereignisse am Entscheidungstag, seiner Verlängerung für die Juden in Susa, seiner Ergebnisse und der Einführung des Purimfestes (Est 9,5–32), findet die Erzählung nun ihren Abschluss. Sie knüpft dabei an Est 9,4 an und rückt besonders die Stellung Mordechais in den Mittelpunkt. Von Ester ist in diesem Zusammenhang keine Rede mehr. Die Geschichte ihres märchenhaften Aufstiegs und ihres Wirkens als Königin wird nicht weiterverfolgt. Das Interesse an ihr ist dem Fokus auf Mordechai untergeordnet.

Der Abschnitt beginnt mit einer Aussage über die Macht des Königs Ahasveros. Durch die Erwähnung

---

142 Siehe dazu Ego, Ester, 414–417.

der »Inseln« – ein Ausdruck für die entlegensten Winkel der Welt (vgl. Jes 11,11; 24,15) – wird ähnlich wie in Est 1,1 auf die unermessliche Größe seines Reiches angespielt. Dass der König seinem gesamten Herrschaftsbereich einen »Frondienst« bzw. eine »Steuer« aufzuerlegen in der Lage ist, soll beispielhaft seine »Stärke und Heldenkraft« (Est 10,2) unterstreichen.[143] Steuern, Abgaben und Arbeitsleistungen waren auch im persischen Reich gängige Mittel der Herrschaftsausübung.

Im gleichen Atemzug mit dem Erfolg des Königs kommt der Erzähler auf Mordechai und seine »Größe« zu sprechen. Als rhetorische Frage formuliert geht es dabei nicht nur um seine Stellung im Reich, sondern auch um seine ruhmvollen Verdienste, die zusammen mit den Leistungen des Königs in die Annalen eingehen. Ahasveros hat den Richtigen zum zweiten Mann im Staat gemacht. Wie in der Josefsgeschichte ist auch im Buch Ester ein Angehöriger des jüdischen Volkes in einem fremden Land an die höchste Stelle nach dem König gelangt und hat dort nicht nur für sein eigenes Volk Gutes bewirkt, sondern zum Wohl aller gehandelt. Der Hinweis auf die »Chronik der Könige von Medien und Persien« erinnert an das Buch, aus dem sich der König nachts vorlesen lässt (Est 6,1). Dort war Mordechai vermerkt worden, nachdem er eine Verschwörung gegen den König aufgedeckt hatte (vgl. Est 2,23). Von der Formulierung her entspricht die Notiz den Schlussbemerkungen zu den judäischen Königen in den Könige-Büchern (vgl. 1 Kön 11,41; 14,19.29 u. ö.). Neben dem beinahe königlichen Rang, den Mordechai damit erhält, erweckt der Erzähler auf diese Weise auch den

---

143 So auch Ego, Ester, 420–422.

Eindruck, dass es sich bei dem Buch Ester um Geschichtsschreibung handelt.[144]

Mit unüberbietbaren Aussagen über Mordechai schließt das Buch (Est 10,3). An erster Stelle wird betont, dass er Jude ist und als solcher der zweite Mann im Staat nach dem König selbst. Mehr geht nicht. Mordechai hat damit die Position Hamans eingenommen. Vergleichbar sind Aussagen über Josef in Ägypten (vgl. Gen 41,40–44; 45,8.26). Der zweite Teil wendet sich Mordechais Wertschätzung im jüdischen Volk zu. Gleichzeitig klingt hier noch einmal die Rettung der Juden im persischen Reich an, deren Existenz dank Mordechai gesichert ist.

---

144 So Ego, Ester, 423.

C. WIRKUNG

Es gibt wohl kaum ein anderes Buch des Alten Testaments bzw. der Hebräischen Bibel, an dem sich die Geister derart scheiden wie an dem Buch Ester. Seiner Hochachtung und über die Jahrhunderte hinweg breiten Rezeption im jüdischen Kontext steht das Verschweigen und zeitweise sogar die Ablehnung dieser biblischen Schrift in der Kirche gegenüber. Erst nach der Schoa und im Zuge der Auseinandersetzung mit dem Erbe der eigenen Geschichte ändert sich die Wahrnehmung. Umso überraschender sind vor diesem Hintergrund die Spuren, die Ester inmitten eines christlich geprägten Umfeldes im Bereich der Kunst hinterlassen hat.

1. Ester im Judentum

Das Purimfest gehört zu den großen Festen des jüdischen Kalenders. Als Festrolle, die an diesem Tag in der Synagoge gelesen wird, genießt das Buch Ester zumindest in religiösen Kreisen bis heute ein hohes Ansehen. Es ist die einzige biblische Schrift neben der Tora, in der ein nach wie vor gültiges Gebot formuliert und eine entsprechende Praxis begründet wird. Die rabbinische Literatur, die ab dem 2. Jh. n. Chr. entsteht, setzt das Purimfest und Ester als dazugehörige Lesung von Anfang an voraus.[145] Teilweise geht die Wertschätzung sogar so weit, dass diese biblische Schrift als die einzige gilt, die zusammen mit der Tora auch in mes-

---

145 Vgl. dazu Stemberger, Megillot, 265f.

sianischer Zeit noch Bestand und Gültigkeit haben werde.[146]

Gleichwohl gab und gibt es auch kritische Stimmen. Esters kanonischer Rang als heilige Schrift war nicht unumstritten, wie eine Diskussion im Talmud zeigt.[147] Unter den Handschriften von Qumran finden sich allenfalls indirekte Hinweise auf das Buch, und im Neuen Testament wird es an keiner Stelle erwähnt oder zitiert. Seine Verbreitung und Akzeptanz scheint in der Frühzeit alles andere als selbstverständlich gewesen zu sein. Erste literarische Zeugnisse für die Lektüre des Buches Ester sind die Version in der Septuaginta und die Darstellung bei Josephus. Auch die Aufnahme des Stoffes in das Bildprogramm der Synagoge in Dura Europos darf in diesem Zusammenhang nicht unerwähnt bleiben. Und schließlich muss ein Blick auf die rabbinische Literatur und das Ester-Bild dort geworfen werden.[148]

1.1. Frühe Zeugnisse

Schon die eingangs beschriebene Existenz mehrerer unterschiedlicher Ausgaben des Buches Ester ist Teil seiner Rezeptionsgeschichte.[149] Ihre Besonderheit besteht allerdings darin, dass wir den ursprünglichen Ausgangspunkt nicht genau kennen. Unter den heute

---

146 Palästinischer Talmud, Traktat Megilla 1,7,70d.
147 Palästinischer Talmud, Traktat Megilla 1,7,70d; Babylonischer Talmud, Traktat Megilla 7a und 19b. Vgl. Stemberger, Megillot, 266f.
148 Zur Rolle des Ester-Buches im Judentum und in der jüdischen Theologie vgl. auch Kalimi, Furcht vor Vernichtung.
149 Zu den verschiedenen Fassungen des Buches Ester siehe oben, S. 40–45.

bekannten Fassungen befindet sich keine, auf die sich die anderen ohne Weiteres einfach zurückführen lassen. Zwei frühe Zeugnisse für den Umgang mit dem Ester-Stoff sollen im Folgenden kurz vorgestellt werden: die griechische Ausgabe in der Septuaginta und die Nacherzählung im Werk des jüdisch-römischen Historikers Flavius Josephus.

1.1.1. Das Buch Ester in der Septuaginta

Die Septuaginta (Abk. LXX) ist – vereinfacht gesagt – die Übertragung des Tanach, der Hebräischen Bibel, in die (alt-)griechische Sprache, die schrittweise vom 3. Jh. v. Chr. bis ins 1. Jh. n. Chr. hinein erfolgt. Darüber hinaus enthält die Septuaginta auch Schriften, die später nicht Teil des jüdischen Kanons geworden sind. Einige davon waren von vornherein nur in griechischer Sprache verfasst, bei anderen ist die ursprüngliche hebräische oder aramäische Vorlage verloren gegangen.

Eine editorische Notiz datiert die Septuaginta-Fassung des Buches Ester in die erste Hälfte des 1. Jh. v. Chr. Gegenüber dem masoretischen Text in der Hebräischen Bibel zeichnet sie sich u. a. durch die genannten sechs großen »Zusätze« aus.[150] Deren literarisches und literargeschichtliches Verhältnis zueinander und zur ursprünglichen Ester-Geschichte sowie ihre Herkunft sind in der Forschung umstritten.[151] Inhaltlich verfolgt die Septuaginta-Fassung ein eigenes narratives Konzept.[152] Ohne hier auf Details eingehen zu

---

150 Siehe die Tabelle oben, S. 42 f.
151 Vgl. dazu De Troyer / Wacker, Esther, 1260 f.
152 Vgl. De Troyer / Wacker, Esther, 1263; Ego, Ester, 79–81. Wacker, Ester-Buch. Zum Charakter der griechischen Fassung(en) des Buches Ester am konkreten Beispiel von Est 4,13 f. siehe De Troyer, Ein umgeschriebener Bibeltext.

können, fallen besonders drei Merkmale auf: Zunächst der explizite Gottesbezug, den die masoretische Fassung so nicht kennt. Ein Traum Mordechais und seine Deutung bilden den Rahmen der Erzählung (»Zusätze« A und F). Sie handeln von einem geradezu apokalyptischen Kampf der Völker gegen das jüdische Volk der Gerechten und vom Heilsplan Gottes. In seiner Bedrängnis ruft das Volk zu Gott, wird erhört und gerettet. Dieser dezidert theologischen Deutung des Geschehens entsprechen später auch die ausführlichen Gebete Mordechais und Esters im Verlauf der Erzählung (»Zusatz« C). Beispielhaft zeigt die Fassung des Ester-Buches in der Septuaginta, dass sich das Vertrauen auf Gott und die Hinwendung zu ihm im Gebet auszahlt.[153] Für die Figuren in der Erzählung ist Gottes Wirken zwar nicht direkt als solches erkennbar, für die Leserinnen und Leser dagegen schon. Vor allem Ester, aber auch der König fungieren als seine Werkzeuge. Im Falle des Königs sorgt Gott durch zwei entscheidende Impulse dafür. Er besänftigt ihn, als Ester unaufgefordert vor ihm erscheint, um ihn für ihr Volk zu bitten (Est^{LXX} D,8). Und er beschert ihm die schlaflose Nacht zugunsten von Mordechai (Est^{LXX} 6,1). Esters Rolle ist metaphorisch in das Bild einer »kleinen Quelle« gefasst, die aus dem Rufen des Volkes zu Gott entspringt und schließlich zu einem gewaltigen Strom wird (Est^{LXX} A,9; F,3).

Der Konflikt zwischen Mordechai und Haman wird in der Septuaginta bereits zu Beginn thematisiert und erzählerisch stärker ausgebaut. Haman und Mordechai verkörpern die beiden Seiten in jenem apokalyptischen Kampf. Haman hasst Mordechai auch deshalb, weil er

---

153 Vgl. Bellmann, Politische Theologie, 169 f.

eine (weitere) Verschwörung gegen den König aufgedeckt hat (Est^{LXX} A,12–17). Hamans Loyalität gegenüber dem König erweist sich so im Unterschied zu Mordechai von Anfang an als fraglich. Dazu passt, dass Haman als Makedone vorgestellt wird, dessen Ziel es gewesen sei, die Herrschaft über das persische Reich dessen Erzfeinden, den Griechen, zu übertragen (Est^{LXX} E,10–24). Auf diese Weise kommt nicht nur eine weltpolitische Komponente ins Spiel. Es wird auch deutlich, dass die wahre Gefahr für den König und sein Reich nicht von den Juden ausgeht.[154] Deren Einsatz für den Bestand der staatlichen Ordnung wiederum erscheint als grundsätzlich möglich und legitim. Am Ende ist Mordechai sogar König des persischen Reiches (Est^{LXX} 10,3), der Nachfolger des Artaxerxes, wie der persische König im griechischen Ester-Buch heißt.[155] Beides gewinnt seine Bedeutung vor dem zeitgeschichtlichen Hintergrund der Diaspora-Existenz der jüdischen Bevölkerung, die in einem nicht jüdischen Umfeld ihre Integration in die Gesellschaft und ihre staatspolitische Zuverlässigkeit herausstellen muss, beides aber gleichzeitig auch als eine Chance begreift.

---

154 Siehe dazu Bellmann, Politische Theologie, 111–113.169.
155 Ob es sich dabei um ein Versehen oder eine bewusste Änderung handelt, ist schwer zu beurteilen. Für Letzteres spricht das positivere Bild des persischen Königs in der Septuaginta-Fassung des Buches Ester, das sich für sie eher mit Artaxerxes als mit Xerxes verbinden ließ. Es entspricht der wohlwollenden Charakterisierung des Artaxerxes in anderen biblischen Texten (Esr 7; Neh 2,1–10) und darüber hinaus auch in der griechischen Literatur. Vgl. Bellmann, Politische Theologie, 90f. Gemeint ist wahrscheinlich Artaxerxes I. (464–424 v. Chr.).

Und drittens schließlich weist das Buch Ester in der Septuaginta eine deutlich gesteigerte Dramatik auf. Bedrohungslage und Lebensgefahr für die Juden und auch für Ester werden stärker herausgestellt – sowohl im Wortlaut des Vernichtungsediktes (»Zusatz« B) als auch bei der ausführlich erzählten und dabei detailreich ausgeschmückten Begegnung Esters mit dem König, der so furchteinflößend wirkt, dass Ester zunächst in Ohnmacht fällt (»Zusatz« D). Umso erstaunlicher ist die spürbare Zurückhaltung der Septuaginta-Fassung bei der Schilderung der Kampfhandlungen und bei den Opferzahlen. Es werden weit weniger Menschen getötet als im masoretischen Text. Das Gegenedikt, das die wahren Hintergründe der Judenfeindschaft aufdeckt und die Bedeutung der Juden für das persische Reich hervorhebt (»Zusatz« E), führt zu einem größeren Rückgang der Feindschaft. Es entkräftet die antijüdischen Vorwürfe und verfehlt – wie man es von einem königlichen Erlass erwartet – seine Wirkung nicht.

1.1.2. *Ester in der Geschichtsschreibung des Flavius Josephus*

Zu den Werken des jüdisch-römischen Historikers Flavius Josephus (ca. 37–100 n. Chr.) gehört eine 93/94 n. Chr. veröffentlichte Geschichte des jüdischen Volkes von der Erschaffung der Welt und des Menschen bis zum Jahr 66 n. Chr., kurz vor dem Ausbruch des jüdischen Krieges (67–70 n. Chr.) – die Antiquitates Judaicae (»Jüdische Altertümer«). An ein interessiertes, überwiegend nicht jüdisches Publikum gerichtet stellt Josephus darin die jüdische Geschichte, Literatur und Religion vor.[156] Bestandteil ist auch eine Nacherzählung

---

156 Siehe dazu Bellmann, Politische Theologie, 41–43.

der Inhalte des Buches Ester (Ant 11,184–296).[157] Sie beruht auf schriftlichen Quellen, zeugt aber zugleich auch von einer gewissen Freiheit des Autors im Umgang mit dem Stoff entsprechend der Intention seines Werkes.

Eine zentrale Rolle spielt für Josephus die Überzeugung, dass Gott das Geschick einzelner Menschen wie auch die Geschichte insgesamt lenkt. Gottes Wille und das Prinzip seines Handelns sind für jedermann erkennbar. Wer sich seinem »Gesetz« gemäß verhält, erntet Erfolg, wer ihm zuwiderhandelt, richtet Unheil an und scheitert. Das Buch Ester gehört für Josephus zu den heiligen Schriften seines Volkes, aus denen das beispielhaft eindrucksvoll hervorgeht. Folgerichtig arbeitet er dieses Geschichtsbild in seiner Nacherzählung deutlich heraus.

Es überrascht daher kaum, dass bei der Darbietung des Ester-Stoffes durch Josephus explizit von Gott die Rede ist. Allerdings weit weniger häufig als in der Fassung der Septuaginta. Dort ist der Gottesbezug v. a. im Traum Mordechais und in seiner Deutung (»Zusätze« A und F) sowie bei den Gebeten stark ausgeprägt (»Zusatz« C). Traum und Deutung fehlen bei Josephus, und die Gebete sind erheblich gekürzt und überwiegend indirekt formuliert. Das führt insgesamt zu einer stärkeren Konzentration auf den Handlungsverlauf, den Josephus im Sinne seiner Geschichtstheologie deutet.

So beruht für ihn die Macht und Herrschaft des persischen Königs selbstverständlich auf der Macht und

---

157 Eine aktuelle englischsprachige Ausgabe und Analyse des Textes bietet Spilsbury/Seeman, Judean Antiquities 11, 51–87. Die verfügbaren deutschen Übersetzungen (z. B. Clementz, Altertümer, 32–57) sind wissenschaftlich überholt.

Herrschaft Gottes, dem das jüdische Volk vertraut und dessen »Gesetz« es befolgt. Ein schuldhaftes Vergehen des Volkes liegt nicht vor. Im Gegensatz zu den griechischen Fassungen (vgl. Est^{LXX} C,17f.) bittet Ester nicht um die Vergebung der Sünden ihres Volkes. Es ist einzig und allein Haman, der die göttliche Ordnung missachtet. Ihn ereilt deshalb am Ende das göttliche Gericht, indem ihm das Unheil widerfährt, das er Mordechai zugedacht hatte. Haman kommt zu Tode, das jüdische Volk aber wird gerettet. Nach Ansicht von Josephus ist dafür jedoch nicht in erster Linie das besondere Verhältnis Gottes zu seinem Volk ausschlaggebend, sondern hier herrschen allgemein gültige Gesetzmäßigkeiten, denen Gott im Zweifelsfall auch durch ein direktes Eingreifen in den Lauf der Dinge Durchsetzungskraft verleiht. So kommentiert er den Tod Hamans:

Das gibt mir Grund, über Gott und seine Weisheit zu staunen und seine Gerechtigkeit zu beachten; denn er dämmte nicht nur das Böse von Haman ein, sondern indem er die Strafe, die für einen anderen vorbereitet war, auf diesen Mann selbst zurückfallen ließ, sorgte er dafür, dass andere lernen konnten: Was immer jemand gegen einen anderen vorbereitet, bereitet er unwissentlich zuerst gegen sich selbst vor. (Ant 11,268)[158]

Insgesamt trägt die Darstellung des Ester-Stoffes bei Josephus Züge eines hellenistischen Liebesromans.[159] Er betont sowohl die besondere Schönheit Esters als auch die liebevolle und emotionale Nähe des Königs

---

158 Übersetzung nach Spilsbury/Seeman, Judean Antiquities 11, 81.
159 Vgl. Bellmann, Politische Theologie, 43.271.283.

ihr gegenüber. Ester stammt aus einer königlichen Familie, was die Beziehung mit ihr standesgemäß erscheinen lässt. Sie wird ausdrücklich als seine rechtmäßige Ehefrau vorgestellt, die bei ihm wohnt. Von einer räumlichen oder zeitlichen (vgl. Est 4,11) Trennung ist bei Josephus ebenso wenig die Rede wie von der Existenz eines Harems. Und obwohl Ester sich nicht an das Verbot des unerlaubten Erscheinens vor dem König hält, wird das in ihrem Fall im Nachhinein als Missverständnis bezeichnet. Auch ihre jüdische Herkunft gibt sie zunächst nicht preis, jedoch ohne dass Mordechai ihr das befohlen hätte. Josephus vermeidet so den Eindruck, Juden würden oder müssten sich verstecken bzw. etwas verheimlichen. Auch sonst beschreibt er Ester als fromme und gottesfürchtige Frau, die sich als Anwältin ihres bedrohten Volkes versteht, und führt sie gleich zu Beginn der Erzählung anerkennend als dessen Retterin ein. Dass Ester bei der entscheidenden Audienz zunächst in Ohnmacht fällt (vgl. Est^{LXX} D,7), gibt Josephus Gelegenheit, den König als besonders besorgt um sie zu beschreiben.

Der Anteil, den der König – bei Josephus ein Sohn des Ahasveros (Xerxes) – an der Verfolgung des jüdischen Volkes hat, wird relativiert. Generell sind negative Aussagen über den König selten. Alkoholgenuss und Wutausbrüche spielen eine deutlich geringere Rolle. Josephus zeichnet vielmehr das Bild eines idealtypischen, tugendhaften Herrschers, wobei manches erzählerische Element mitunter doch ein zweifelhaftes Licht auf ihn wirft.[160] Seine Frau Waschti etwa verstößt er, obwohl sie sich an das Gesetz hält, das Frauen das

---

160 Zu dieser Tendenz in der Textfassung des Josephus vgl. Bellmann, Politische Theologie, 266–273.

Erscheinen vor Fremden verbietet. Aus Liebe zu ihr bereut er später das Urteil, kann es aber nicht rückgängig machen. Ebenso ist die kniefällige Verehrung Hamans ein ausdrückliches Gebot des Königs, das den als weise und gesetzestreu charakterisierten Juden Mordechai in einen Konflikt bringt. Und auch wenn er an dem Vernichtungsdekret gegen das jüdische Volk nicht unmittelbar beteiligt ist – das königliche Siegel erwähnt Josephus in diesem Zusammenhang nicht –, gibt der König Haman doch freie Hand.

Haman wird von Josephus explizit als »Amalekiter« und damit als Vertreter des Erzfeindes Israels (vgl. Ex 17,8–16) eingeführt – eine Identifikation, die auch die hebräische Fassung des Ester-Buches nahelegt, ohne sie jedoch in gleicher Weise zu vollziehen. Josephus erklärt so zwar den Judenhass Hamans, lässt ihn aber im Blick auf die Juden im persischen Reich als vollkommen haltlos und unbegründet erscheinen. Vielmehr ist es Haman, der sich maßlos und unverschämt gegenüber dem König verhält, dem er alles verdankt. Haman will die Macht an sich reißen und die Herrschaft anderen übertragen. Dieses Motiv aus der griechischen Fassung des Buches Ester kennt auch Josephus, der den Kontrast zwischen der besonderen Beziehung des Königs zu Haman und dessen Vertrauensmissbrauch genauso verstärkt wie den zwischen Hamans Hochmut und Fall. Insgesamt zeichnet Josephus ein positives Bild von der politischen und wirtschaftlichen Rolle des jüdischen Volkes. Er denkt dabei sicher auch an das zeitgenössische Judentum im Römischen Reich, verteidigt es gegen Angriffe und entwirft ein Ideal jüdischer Diaspora-Existenz.

Das Los wie in der hebräischen Fassung wirft Haman bei Josephus nicht. Um Hamans Vorgehen gegen die Juden nicht als einen von den Göttern legitimierten

Akt erscheinen zu lassen, verzichtet Josephus auf dieses Detail der Erzählung.[161] Wie in der griechischen Fassung der Septuaginta heißt das Purimfest bei ihm »Phroureai«, ohne diese Bezeichnung zu erklären. Ein Zusammenhang mit dem Loswurf Hamans wird nicht hergestellt. Außerdem hat das Fest bei Josephus den Charakter des Dankes gegenüber Gott.

Welche literarischen Quellen Josephus als Grundlage für seine Darstellung genutzt hat, lässt sich nicht mit Sicherheit sagen.[162] Weder müssen diese Quellen identisch sein mit den Versionen des Ester-Buches, die wir kennen, noch ist auszuschließen, dass Josephus relativ frei mit ihnen umgeht. Er selbst gibt in der Einleitung zu den Antiquitates an, er habe die Inhalte »aus hebräischen Schriften« ins Griechische übertragen.[163] Tatsächlich finden sich auch im Abschnitt zu Ester Hinweise darauf, dass Josephus über eine hebräische Vorlage verfügte, die dem masoretischen Text ähnelt. Gleichzeitig kennt er jedoch auch die »Zusätze« in den griechischen Ausgaben. Nur den ersten und den letzten lässt er – wahrscheinlich bewusst – aus.

1.2. Dura Europos

Das wohl spektakulärste frühe Zeugnis der Rezeption des Ester-Buches stellt eine Wandmalerei in der Synagoge von Dura Europos dar. Es handelt sich um die älteste bekannte bildliche Darstellung einzelner Szenen

---

161 Auch im Römischen Reich war das Losorakel als Mittel bekannt, den göttlichen Willen in Erfahrung zu bringen.
162 Vgl. zu dieser Frage zusammenfassend Bellmann, Politische Theologie, 44f., und Spilsbury/Seeman, Judean Antiquities 11, 52f.
163 Clementz, Altertümer, 14.

der Erzählung. Die antike Stadt Dura Europos lag am Westufer des Euphrat unweit der heutigen Grenze zwischen Syrien und dem Irak. Sie wurde 303 v. Chr. gegründet, im Jahr 256 n. Chr. erobert und wenig später endgültig aufgegeben. Mit ihrer Entdeckung 1920 begannen archäologische Grabungen, bei denen man 1932 auf eine 244/5 n. Chr. errichtete Synagoge stieß. Nach erfolgtem Ab- und Wiederaufbau befindet sie sich seit 1936 im Nationalmuseum in Damaskus. Die Wände ihres 13,65 m langen, 7,68 m breiten und 7 m hohen Gebetsraums waren bzw. sind mit einem einzigartigen biblischen Bildzyklus bemalt – ergänzt durch Motive aus der jüdischen Traditionsliteratur.

An der Westwand, unmittelbar – vom Betrachter aus gesehen – links neben der Nische für die Tora-Rolle, sind Personen und Ereignisse aus dem Buch Ester dargestellt. Es handelt sich um eines derjenigen erhalten gebliebenen Wandbilder, die zum einen ein Rettungsgeschehen zeigen und bei dem zum anderen Frauen eine wesentliche Rolle spielen. Neben den Szenen aus dem Buch Ester gehören dazu auch die Auferweckung des Sohnes der Witwe von Sarepta durch den Propheten Elia (1 Kön 17,7–24) und die Rettung des kleinen Mose im Nil (Ex 2,1–10). Alle drei sind in einer Ebene rechts und links der Tora-Nische, und damit an einer hervorgehobenen Stelle im Raum und im Sichtfeld der Gläubigen platziert, was sicher kein Zufall ist.[164]

Das Wandbild zu Ester gliedert sich in drei Bereiche. Im linken Teil ist zu sehen, wie Mordechai in königliche

---

[164] Hazan, Femmes salvatrices. Zur Synagoge und ihren Wandbildern insgesamt vgl. Du Mesnil du Buisson, Peintures, speziell zu Ester ebd., 116–120.

Abb. 11: Synagoge von Dura Europos, Westwand, Wandbild zum Buch Ester.

Kleider gehüllt auf einem weißen Pferd reitet, das von Haman geführt wird (vgl. Est 6,7–11). In der Mitte sind vier männliche Personen dargestellt, die für die Bevölkerung der Stadt Susa stehen und dieses Geschehen begrüßen. Rechts sitzt König Ahasveros auf einem Thron und empfängt gerade ein Schriftstück von einem Boten. Hinter dem Thron befinden sich links zwei Beamte und rechts, ebenfalls auf einer Art Thron sitzend, Ester mit einer Dienerin an ihrer Seite. Dieses Motiv geht zwar nicht unmittelbar aus dem Buch Ester hervor, und seine Deutung ist umstritten. Es soll aber wahrscheinlich die Übergabe des Purimbriefes an den persischen König zeigen (vgl. Est 9,29 f.).[165]

Die Art und Weise, wie die Personen dargestellt sind, weist zahlreiche interessante Details auf. So unterscheidet sich die Kleidung der vier Männer in der Mitte von der der anderen männlichen Figuren. Im Gegensatz zu ihnen tragen sie griechisch-römische Gewänder, während Haman, die Beamten und der König im Stil vornehmer Vertreter des Reiches der Parther ge-

---

165 Hazan, Femmes salvatrices, 202.

kleidet sind.¹⁶⁶ Mordechai sieht entsprechend Est 6,8f. dem König Ahasveros zum Verwechseln ähnlich. Dura Europos war ab 114 v. Chr. Grenzstadt zwischen dem Römischen Reich und dem Partherreich und wechselte in der Folgezeit mehrfach die Seiten.

Parallelen zur rabbinischen Literatur zeigen sich bei der Gestaltung des Thrones, auf dem der König sitzt.[167] Wie in den Targumim und in einigen Midraschim ausgeführt wird, ließ Ahasveros für sich eine Kopie vom Thron des Königs Salomo anfertigen, um sich darauf niederzulassen. Der Thron war mit Edelsteinen geschmückt, und seine sechs Stufen wurden seitlich von Tierfiguren gesäumt.[168]

Besonders auffallend ist die Darstellung von Ester auf dem Wandbild von Dura Europos. Sie trägt einen Schleier und eine Krone in Form einer Stadtmauer mit Türmen, die rechte Hand hält sie vor ihrem Körper, die linke ist zum Segensgestus erhoben. Ikonographisch ähnelt die Figur der Ester einer Tyché, der griechischen Göttin des Schicksals, die häufig in Verbindung mit Städten begegnet und als Garantin für Glück und Wohlstand fungiert. Auch Dura Europos hatte eine lokale Stadt-Tyché, wie archäologische Funde belegen (s. Abb. 12). Gewisse Ähnlichkeiten zwischen der Ester auf dem Wandbild und der Tyché von Dura Europos lassen sicher nicht den weitreichenden Schluss zu, dass Ester hier als Göttin dargestellt wurde;[169] die Krone mit

---

166 Vgl. Du Mesnil du Buisson, Peintures, 117f.
167 Vgl. Du Mesnil du Buisson, Peintures, 118f.
168 Siehe dazu auch unten, S. 158f.
169 Eine sehr enge Beziehung zwischen der Ester auf dem Wandbild und der Stadt-Tyché von Dura Europos sieht Hazan, Femmes salvatrices, 203–208. Kritischer dagegen äußert sich Xeravits, Goddesses. Zur schwierigen Abgrenzung von Stadt-

der Stadtmauer und den Türmen ist v. a. als Attribut weltlicher Herrscherinnen belegt und steht im Zusammenhang mit allgemeinen Vorstellungen von Weiblichkeit.[170] Für die Juden von Dura Europos mag Ester dennoch als ihre Schutzpatronin gegolten haben. Eine Rolle spielte dabei möglicherweise auch die Tatsache, dass das Wort »Pur« bzw. »Purim« als »das zugedachte Los« bzw. »Schicksal« übersetzt und gedeutet wird (vgl. Est 3,7), Ester also tatsächlich wie eine Tyché das Geschick ihres Volkes beeinflusst und zum Guten gewendet hat.

Abb. 12: Dura Europos, Wandbild im Tempel des Bel, Tyché von Palmyra (links) und Tyché von Dura Europos (rechts), dargestellt als junge Frauen mit Schleier und Mauerkrone.

---

göttin, Stadttyché und anthropomorpher Personifikation der Stadt selbst als Frau siehe Meyer, Anthropomorphe Bilder.
170 Du Mesnil du Buisson, Peintures, 119, verweist auf die Beschreibung junger verheirateter Frauen in biblischen Texten (u. a. Hld 8,8–10) und im Talmud.

1.3. Jüdische Traditionsliteratur

Um das Jahr 200 n. Chr. entsteht eine Textsammlung, in der die bis dahin mündlich überlieferte Auslegung und alltagspraktische Anwendung der Tora erstmals schriftlich festgehalten wird. Mit diesem Werk – der Mischna – beginnt das, was man die rabbinische Literatur nennt. Zu ihr gehören außerdem u. a. der babylonische und der palästinische Talmud, in denen die Mischna diskutiert und präzisiert wird. Daneben gibt es Übertragungen biblischer Bücher in die aramäische Sprache (Targumim) und rabbinische Kommentare (Midraschim).[171]

Das Buch Ester hat in diesem Bereich zahlreiche Spuren hinterlassen. Sie zeugen einerseits davon, wie populär diese biblische Schrift gewesen ist. Andererseits müssen ihr Gottesbezug und ihre damit verbundene Autorität immer wieder herausgestellt und betont werden. Das geschieht nicht zuletzt durch die Verknüpfung mit anderen Texten der Hebräischen Bibel. Während in einem Teil der rabbinischen Literatur die verschiedenen religionsgesetzlichen Bestimmungen im Blick auf das Buch Ester und das Purimfest im Vordergrund stehen (Traktat Megilla), ist ein anderer dem Erzählstoff und seinem Verständnis gewidmet (Targumim, Midraschim).

1.3.1. Ester im Traktat Megilla

Die in sechs Hauptteile (»Ordnungen«) gegliederte Mischna behandelt das Buch Ester im Zusammenhang mit den Festzeiten (Ordnung Mo'ed). Sie nennt es ein-

---

171 Zur rabbinischen Literatur insgesamt vgl. Stemberger, Einleitung.

fach »Megilla« (»Schriftrolle«) ohne jeden weiteren Namenszusatz. Denn von den fünf »Megillot« (Plur.) in der Hebräischen Bibel (siehe oben, S. 14 f.) ist allein bei Ester für den liturgischen Gebrauch die Rollenform vorgeschrieben.[172] Dass die Ester-Rolle am Purimfest im Gottesdienst vorgelesen wird, setzt die Mischna bereits als gängige Praxis voraus. Ihr Traktat »Megilla« behandelt die damit verbundenen Fragen: Es geht v. a. um den genauen Termin des Festes und um die Art und Weise des Vorlesens der Ester-Rolle.[173]

Sind entsprechend Est 9,17 f. die Termine für Städte mit einer Mauer (15. Adar) und für alle anderen größeren Orte ohne Mauer (14. Adar) fest, gibt es Ausnahmen für Dörfer. Unter bestimmten Voraussetzungen darf das Verlesen von Ester hier auf den 11., 12. oder 13. Adar vorgezogen werden. Hintergrund ist die notwendige Mindestanzahl an Teilnehmenden am Gottesdienst. Wird diese nicht erreicht, findet die Lesung an einem der wöchentlichen Versammlungs- oder Markttage vor dem 14. Adar statt. Reisende haben sich nach der Praxis ihres Heimatortes zu richten.

Der ordnungsgemäße Vortrag der Ester-Rolle ist in der Mischna ebenfalls Gegenstand umfangreicher Regelungen. Er darf weder auswendig noch in einer Übersetzung geschehen. Außerdem kommt es auf die richtige Textreihenfolge an. Mit Bestimmungen wie diesen versucht die Mischna offenbar dem Umstand zu begegnen, dass es verschiedene Versionen von Ester gab und gibt. Als gültig wird nur die hebräische Textfassung angesehen, die in der entsprechenden Schrift

---

172 Stemberger, Megillot, 264.
173 Eine inhaltliche Zusammenfassung und deutsche Übersetzung des Traktates Megilla in der Mischna bieten Börner-Klein / Hollender, Traktat Megilla, 18–28.63–76.

(Quadratschrift) mit Tinte auf eine Schriftrolle geschrieben ist. Außerdem muss der Text vollständig vorgelesen werden, wobei sich zwei Personen diese Aufgabe teilen dürfen und Unterbrechungen erlaubt sind. Zum Vortrag berechtigt sind nur männliche Personen, die geistig und körperlich dazu in der Lage sind. Vorgelesen werden darf die Ester-Rolle nur tagsüber, nicht nachts.

Wesentlich umfangreicher ist der Traktat Megilla in der Tosephta und in den beiden Talmudim (palästinischer und babylonischer Talmud). In diesen Sammlungen rabbinischer Lehrsätze werden auch die verschiedenen Regeln, die im Zusammenhang mit der Ester-Rolle und dem Purimfest stehen, erweitert und präzisiert. Im Talmud wird dabei auch die Frage aufgeworfen und diskutiert, ob (das Buch bzw. die Schriftrolle) Ester »die Hände verunreinigt«, also als heilige Schrift zu gelten habe oder nicht (bMeg 1,7a).[174] Die Befürworter verweisen auf Textstellen, in denen sie den »Geist des Heiligtums« am Werk sehen. Insbesondere im Passiv oder aus einer auktorialen (»allwissenden«) Erzählperspektive heraus formulierte Aussagen gelten als Beleg für die göttliche Inspiration des Textes. Bemerkenswert und singulär ist außerdem ein Satz über die von den rabbinischen Gelehrten sonst nicht gern gesehene öffentliche Rolle von Frauen in der Synagoge. Zum Verlesen der Ester-Rolle sind sie nach bMeg 1,4a regelrecht verpflichtet:

»Rabbi Jehoschua ben Levi sagte: Frauen sind verpflichtet, die Ester-Rolle zu lesen, denn auch sie sind in dieses Wunder eingeschlossen.«[175]

---

174 Vgl. Börner-Klein/Hollender, Traktat Megilla, 138f.
175 Übersetzung zitiert nach Börner-Klein/Hollender, Traktat Me-

Erklärt wird diese außergewöhnliche und brisante Lehrmeinung in späterer Zeit mit der Rolle Esters bei der Rettung der Juden und damit, dass von der durch sie abgewendeten totalen Vernichtung Männer und Frauen gleichermaßen betroffen waren.

1.3.2. Ester in Targumim und Midraschim

Die aramäischen Übersetzungen (Targumim) sind ein Bindeglied zwischen der biblischen Literatur und ihrer rabbinischen Auslegung.[176] Nachdem die aramäische Sprache das (Alt-)Hebräische als Alltagssprache verdrängt hatte, bestand die Notwendigkeit, biblische Texte ins Aramäische zu übersetzen. Das geschah zunächst mündlich während des Vortrags in der Synagoge. Später entstanden schriftliche Ausgaben, die mit ihren teilweise sehr weitreichenden inhaltlichen Ergänzungen eine eigene literarische Form des Umgangs mit dem biblischen Text darstellen. Über den alternativen sprachlichen Zugang hinaus stellen sie Zusammenhänge mit anderen biblischen Texten her, sie charakterisieren die handelnden Personen und bewerten das Geschehen. Außerdem dürfte der Unterhaltungswert eine nicht unwesentliche Rolle gespielt haben und manchen Zusatz gegenüber dem hebräischen Ausgangstext erklären. Im Fall des Buches Ester kommt der Gottesbezug hinzu, den auch die Targumim zu dieser biblischen Schrift explizit herstellen. Anders als in der masoretischen Fassung, wo Gott allenfalls mitgedacht ist, greift er hier direkt in das Geschehen ein. Teilweise wird sein Wirken durch Engel vermittelt.

---

gilla, 117. Zum Verständnis und zur Einordnung vgl. Plietzsch, Vortrag der Esterrolle.
176 Damsma, Targums, 128. Zum Folgenden vgl. ebd.

Quellen belegen die Existenz eines Targum zum Buch Ester bereits für das 3. oder 4. Jh. n. Chr. Bis zum Mittelalter nimmt ihre Zahl zu, wobei sich die verschiedenen Targumim inhaltlich unterscheiden. Sie enthalten jeweils mehr oder weniger zusätzliches Material. Mit Targum Rishon (»Erstes Targum«) und Targum Scheni (»Zweites Targum«) liegen zwei besonders eindrucksvolle und prominente aramäische Versionen des Buches Ester vor. Beide stammen aus Palästina und sind dort um 700 (Targum Rishon) bzw. um 800 (Targum Scheni) entstanden.[177]

Daneben sind zahlreiche ältere rabbinische Kommentare und Auslegungen zum Buch Ester (Midraschim) bekannt und erhalten geblieben.[178] Sie bieten keine Exegese des Textes im modernen wissenschaftlichen Sinn, sondern folgen eigenen Regeln und Gesetzen.[179] Besonders die Verknüpfung mit anderen biblischen Texten, die z. T. allegorisch auf das Buch Ester bezogen werden, spielt dabei eine wichtige Rolle. Neben der Klärung bestehender sprachlicher Probleme oder inhaltlicher Schwierigkeiten und Leerstellen geht es den Midraschim v. a. darum, das Erzählte in die Geschichte des jüdischen Volkes einzuordnen, es mit Gott in Verbindung zu bringen und seinen beispielhaften Charakter für gutes bzw. frevelhaftes Verhalten heraus-

---

[177] Vgl. Grossfeld, Two Targums, 19 f. Die Datierung ist mit großen Unsicherheiten verbunden und entsprechend umstritten. Neben der englischsprachigen wissenschaftlichen Ausgabe von Targum Rishon und Targum Scheni in Grossfeld, Two Targums, ist Targum Scheni von Ego, Targum Scheni, auch ins Deutsche übersetzt, kommentiert und theologisch eingeordnet worden.
[178] Vgl. Börner-Klein/Hollender, Midraschim.
[179] Einen Überblick anhand des Ester-Midrasch im babylonischen Talmud (bMeg 10b–17a) bietet Börner-Klein, Ester-Midrasch.

zustreichen. Dabei wird nie der gesamte Wortlaut, sondern nur eine Auswahl von Versen betrachtet. Die meisten Midraschim enden mit Hamans Tod. Häufig gibt es zudem thematische Exkurse, die mit dem Inhalt des Ester-Buches zumindest auf den ersten Blick kaum etwas zu tun haben.

Das Verhältnis zwischen Targumim und Midraschim ist äußerst komplex und nicht genau geklärt.[180] Dass auch im Fall des Buches Ester ein Zusammenhang besteht, zeigen zahlreiche Übereinstimmungen in den Bereichen, die über den masoretischen Wortlaut hinausgehen. Für eine grobe Annäherung an ihre Eigenheiten können die Vertreter beider Textgattungen deshalb gemeinsam betrachtet werden.[181]

Breiten Raum nimmt zunächst die Charakterisierung von Ahasveros als »böse« und seiner Herrschaft als einer Zeit der Not ein. Vorgeworfen wird dem König dabei auch die Unterbrechung des Wiederaufbaus des Tempels in Jerusalem, zu dem ihn die Königin Waschti veranlasst habe. Sie gilt als Enkeltochter des babylonischen Königs Nebukadnezar, der Jerusalem einst erobert und den Tempel zerstört hat. Dass die geraubten Kultgegenstände bei dem Gastmahl des Ahasveros (Est 1,5–8) verwendet werden, ist ein Motiv aus den Daniellegenden (vgl. Dan 5,1–4) und unterstreicht die besondere Frevelhaftigkeit des Königs und der Königin. Auch für den Thron, auf dem Ahasveros saß (Est 1,2), interessiert sich die rabbinische Auslegung sehr stark. Ursprünglich habe der König den Thron

---

180 Vgl. Grossfeld, Two Targums, 13–16.
181 Vgl. zum Folgenden Börner-Klein/Hollender, Midraschim; Grossfeld, Two Targums; Börner-Klein, Jalkut Schimoni; dies., Eine babylonische Auslegung; Ego, Ester, 81–84; dies., Targum Scheni.

Salomos besteigen wollen, was ihm aber nicht gelungen sei. Ein daraufhin von ihm veranlasster Nachbau kommt nicht zustande. Deshalb, so diese ausführliche Erklärung zu Est 1,3, dauerte es drei Jahre, bis der König auf seinem Thron saß.

Teilweise noch negativer wird Waschti dargestellt. Das geschieht bereits durch die genealogische Verknüpfung mit den letzten babylonischen Königen, deren Image schlechter ist als das der persischen Herrscher. Als Frau und Königin ist Waschti das extreme Gegenmodell zu Ester. Sie feiert mit den Frauen in den königlichen Gemächern und lässt ihre jüdischen Dienerinnen am Sabbat nackt arbeiten. Deshalb wird sie schließlich nackt hingerichtet. Davon weiß die biblische Ester-Geschichte ebenso wenig wie von dem Befehl des Königs, dass Waschti nackt und nur mit einer Krone »bekleidet« vor ihm und seinen Gästen habe erscheinen sollen. Beides sind Besonderheiten der jüdischen Auslegungstradition. Ihr zufolge wird Waschti nicht nur für ihren Ungehorsam gegenüber dem König mit dem Tod bestraft, sondern auch für ihre Frevelhaftigkeit gegenüber Gott und seinem Volk.

Diese göttliche Ebene bringen die Targumim und die Midraschim zum Buch Ester immer wieder ins Spiel. Das beginnt bereits mit der Frage nach den Ursachen und Hintergründen der existenzbedrohenden Situation, in die das jüdische Volk zur Zeit des Königs Ahasveros geraten ist. Neben der alten Feindschaft zwischen Israel und den Amalekitern, die sich an der Person Hamans festmacht, wird sie auch theologisch begründet. Es sei das Fehlverhalten gegenüber Gott gewesen, das sein Volk in diese Lage gebracht habe. Bis auf Mordechai (und Ester) hätten nämlich alle Juden von Susa an dem siebentägigen Gelage des Königs für die Bewohner der Stadt (Est 1,5–8) teilgenommen und sich so versündigt. Mordechai und Ester sind die beiden Gerechten, die ihr Volk retten können. Wobei diese Rettung ebenfalls das Werk Gottes ist, der sich v. a. von dem Klagen und Weinen der Mütter um ihre Kinder erweichen lässt. Sie bringen ihn um den Schlaf. Wie hier bei der Deutung von Est 6,1 ist für die rabbinischen Kommentatoren häufig von Gott die Rede, wenn das Wort »König« im Text ohne den Zusatz »Ahasveros« vorkommt. Auch passive Formulierungen werten sie als Hinweis auf das Handeln Gottes.

Ester und Mordechai zeichnen sich durch besondere Gerechtigkeit in ihrer Beziehung zu Gott aus. Das unterscheidet sie von den anderen Protagonisten der Handlung und hebt sie auch gegenüber dem jüdischen Volk positiv heraus. Ester ist dabei v. a. das Gegenbild zu Waschti, die als schamlos gilt und den Tempelbau behindert. Ester dagegen übertrifft Waschti nicht nur an Schönheit, sondern sie befolgt auch als Königin die Gebote und speziell die Vorschriften des jüdischen Gesetzes für Frauen, während sie gleichzeitig ihre jüdische Herkunft verborgen hält. Dass es dabei zu inhaltlichen Konflikten kommt, zeigt sich u. a. an dem Fasten, das Ester nach Est 4,16 anordnet: Es fällt genau in die Zeit, in der nach dem jüdischen Kalender wegen des Pessachfestes das Fasten verboten ist. Mordechai wartet deshalb noch einen Tag ab.

Mordechai und Haman nehmen auch in den Targumim und den Midraschim breiten Raum ein. Neben der Klärung exegetischer Probleme sorgt eine stärkere Profilierung der beiden Figuren für zusätzliche Inhalte. So findet sich z. B. in einigen Texten die Aussage, dass Haman einst der Sklave Mordechais gewesen sei, der sich ihm um Brot verkauft habe. Als Haman Mordechai ehren muss (Est 6,11), wird seine Demütigung zusätzlich durch eine gründliche Reinigung und Rasur gesteigert, die er an Mordechai vorzunehmen hat, während er selbst von seiner Tochter mit dem Inhalt ihres Nachttopfes übergossen wird. Mordechai dagegen wird ganz als gesetzestreuer Tora-Lehrer vorgestellt, der siebzig Sprachen spricht und deshalb auch die Verschwörung der beiden persischen Beamten (Est 2,21f.) aufdecken kann. Seine Weigerung, vor Haman niederzufallen, bedarf aber einer genaueren Begründung, weil die Proskynese in der Hebräischen Bibel nichts Ungewöhnliches ist. Der eigentliche Hinderungsgrund für ihn sei das Götterbild gewesen, das Hamans Gewand geziert habe.

Nur selten kommt Ester in den Midraschim zum Ester-Buch eine entscheidende Rolle zu. Ihr Anteil an der Rettung des jüdischen Volkes tritt hinter andere Akteure zurück. Der Schwerpunkt liegt v. a. auf dem Tun und Ergehen von Haman und Mordechai.[182] Und die wesentlichen Impulse, die das Blatt zugunsten von Ester, Mordechai und den Juden wenden, gehen von Gott oder seinen Engeln aus. Die Bedeutung Esters stärker in den Vordergrund rückt dagegen Midrasch Megilla im babylonischen Talmud. Hier erscheint Ester als eine der sieben Prophetinnen ihres Volkes, weil einer Auslegung von Est 5,1 zufolge Gottes Geist von ihr Besitz ergriffen hat. Ihre Weigerung, unerlaubt vor dem König zu erscheinen und die Auseinandersetzung darüber mit Mordechai (Est 4,6–11) fehlen, was sie entschlossener erscheinen lässt und ihre Eigeninitiative zur Rettung der Juden hervorhebt.[183] Esters Aussage, sie werde entgegen dem Gesetz zum König gehen (Est 4,16), erfährt eine Deutung, die dieser Tendenz ent-

---

182 Vgl. Börner-Klein/Hollender, Midraschim, 13–21.
183 Vgl. dazu Börner-Klein, Eine babylonische Auslegung, 245.247.

spricht: Bisher, heißt es, sei sie stets unter Zwang zu ihm gegangen, nun aber geschehe es freiwillig.

Noch mehr zu einer Erlöserfigur wird Ester im Psalmen-Midrasch (*Midrasch Tehillim*) zu Psalm 22.[184] Die jüdische Auslegungstradition sieht in der Regel in David den Beter dieses Psalms (vgl. Ps 22,1), der bereits im Neuen Testament christologisch gedeutet und auf Jesus bezogen wird.[185] Doch neben dem Bezug auf David enthält der Midrasch auch Aussagen, die den Text mit Ester in Verbindung bringen. So versteht er die rätselhafte Angabe »Hindin der Morgenröte« in Ps 22,1 nicht wie üblich als einen musikalischen *terminus technicus*, sondern als Inhaltsangabe und metaphorische Bezeichnung für Ester, die als Licht- und Heilsgestalt charakterisiert wird: Sie leuchtet, heißt es, »für Israel wie das Licht des Morgens« und bereitet der Finsternis ein Ende.

»Warum wird Ester mit der Morgenröte verglichen? Weil: Wie, wenn die Morgenröte aufsteigt, die Sterne untergehen, so stieg auch Ester im Haus Achaschweroschs auf und Haman und seine Söhne gingen unter.«[186]

Midrasch Tehillim präsentiert Ps 22 als Gebet Esters für sich und ihr bedrohtes jüdisches Volk. Als Autor gilt entsprechend Ps 22,1 König David, der den Psalm für sie verfasst habe. Sein Wortlaut und seine sprachlichen Bilder werden im Midrasch mit Inhalten des Ester-

---

184 Eine Übersetzung des Textes bieten Börner-Klein/Hollender, Midraschim, 299–324. Zu Einzelheiten der rabbinischen Auslegung des Psalms vgl. Tkacz, Esther, 720–726; Wellmann, Ester.
185 Vgl. u. a. Mt 27,35.46; Mk 15,24.34; Lk 23,34; Joh 19,24; Hebr 2,12; 5,7.
186 Übersetzung zitiert nach Börner-Klein / Hollender, Midraschim, 308.

Buches verknüpft oder phantasievoll ausgemalt. Die Sicherheit an der Mutterbrust (Ps 22,10) findet das Waisenkind Ester bei Mordechais Frau. Von Geburt an und auch später im »Haus des Frevlers« (Ahasveros) ist sie fromm und gottesfürchtig (Ps 22,11). Sie gerät in große Bedrängnis, als sie ohne Erlaubnis vor dem König erscheint (vgl. Ps 22,12). Ahasveros, Haman und seine Söhne umringen sie wie Stiere und Hunde (vgl. Ps 22,12.13.17). Der König stürzt sich auf sie wie ein Löwe auf Beute (vgl. Ps 22,14). Ihre Gegner teilen ihre Kleider und ihren Schmuck unter sich auf und werfen das Los über ihr Gewand (vgl. Ps 22,19), aber am Ende wird Hamans Besitz verteilt (vgl. Ps 22,27). Mit ihrem Aufruf zum Fasten und durch ihr Gebet kann Ester Gott zur Rettung seines Volkes bewegen, das auch diesem Midrasch zufolge nicht ganz unschuldig an seiner Lage ist.

Die ersten Spuren dieser Psalminterpretation mit Ester als einer leidenden Gerechten, frommen Fürsprecherin und Retterin des jüdischen Volkes begegnen erst relativ spät. Sie ist vermutlich eine Reaktion auf die Rezeption von Psalm 22 in der christlichen Theologie.[187] So sind auch die Hände und Füße in Ps 22,17 nicht »durchbrochen«, was als Hinweis auf die Wundmale des Gekreuzigten verstanden wird, sondern aufgrund eines anderen Verständnisses des hebräischen Wortlautes beschaffen »wie ein Löwe«. Ein böser Zauber habe Esters Hände und Füße vor Ahasveros verunstaltet, aber durch ein Wunder seien sie in Edelsteine verwandelt worden und hätten den König erfreut. Als bekannt vorausgesetzt wird möglicherweise auch die

---

187 Vgl. Börner-Klein/Hollender, Midraschim, 20f.299. Kritisch dagegen Wellmann, Ester, 68.

griechische Fassung des Ester-Buches bzw. deren lateinische Übersetzung mit dem ausführlichen Gebet Esters und der Ausgestaltung der Audienzszene zu einer für sie physisch und psychisch besonders belastenden Situation. Dessen ungeachtet ist Midrasch Tehillim zu Psalm 22 das Zeugnis einer bemerkenswerten Auslegung des Buches Ester, die sich fast ausschließlich auf seine weibliche Hauptfigur konzentriert und ihr geradezu messianische Züge verleiht. Es wundert daher kaum, dass Ps 22 zur Liturgie des Purimfestes gehört.[188]

1.4. Jüdische Stimmen zum Buch Ester im 20.Jh.

Trotz aller Popularität ist das Ester-Buch auch im Judentum nicht nur positiv rezipiert worden. Vorbehalte gab es bereits in rabbinischer Zeit. Zu den Gründen gehört u. a. die Sorge, es könne den Hass der Völker auf die Juden provozieren.[189] Beispiele für einen kritischen bzw. differenzierten Umgang mit dem Buch Ester im 20.Jh. sind eine »theologische Streitschrift« des Journalisten, Schriftstellers und Theologen Schalom Ben-Chorin (1913–1999) aus dem Jahr 1938 und ein Film des Regisseurs Amos Gitai (geb. 1950) von 1986.[190]

1938, kurz vor der Pogromnacht im November, als die systematische Entrechtung, Diskriminierung, Ausgrenzung und Verfolgung der jüdischen Bevölkerung in Deutschland bereits im vollen Gange ist, erscheint in

---

188 Vgl. Apple, Psalm 22, 225.229; Tkacz, Esther, 720; Wellmann, Ester, 67.
189 Babylonischer Talmud, Traktat Megilla, 7a.
190 Zu den folgenden Ausführungen vgl. Wacker, Estherbuch, und Zwick, Esther. Zum Film von Amos Gitai vgl. darüber hinaus auch Ehrlich, Esther in Film, 124–126.

Jerusalem unter dem Titel »Kritik des Estherbuches« eine kleine Schrift von Schalom Ben-Chorin, der 1913 als Fritz Rosenthal in München geboren wurde und 1935 nach Palästina emigrieren konnte. Hart geht Ben-Chorin in dieser »Streitschrift« v. a. mit den beiden jüdischen Protagonisten des Ester-Buches ins Gericht. Er kritisiert sowohl das Verhalten von Mordechai als auch das von Ester. Mordechai hätte Ester vor dem Harem des Königs und vor der Ehe mit einem nicht jüdischen Mann schützen müssen, sie zumindest nicht kampflos preisgeben dürfen. Mit der Verweigerung des Kniefalls – für Ben-Chorin keine Götzenanbetung, sondern landesübliche Grußform – vor Haman sei er der Auslöser des Vernichtungsbeschlusses gegen das jüdische Volk, delegiere aber die Aufgabe, etwas dagegen zu unternehmen, vollständig an Ester. Indem er sich von Haman öffentlich ehren lässt, habe er den vorausgesetzten Judenhass in der Bevölkerung noch zusätzlich verstärkt. Und mit seinem Gegenedikt, das nichts anderes sei als die Erlaubnis zu einem Gegenpogrom, erweise sich Mordechai »als Hamans würdiger Nachfolger«[191]. Auch die weibliche Hauptfigur kommt bei Schalom Ben-Chorin nicht gut weg. Er schreibt: »Das ist Esther: zuerst skrupellos erfolgssüchtig, dann feige, zuletzt grausam.«[192] Er bezieht sich dabei u. a. auf Esters Wunsch nach der öffentlichen Zurschaustellung der Leichen der Söhne Hamans sowie nach einem zweiten Vergeltungstag (Est 9,13f.). Sein Fazit lautet:

»Ich schlage vor, das Purim-Fest vom jüdischen Kalender abzusetzen und das Buch Esther aus dem Kanon der Heiligen

---

191 Ben-Chorin, Kritik, 9.
192 Ben-Chorin, Kritik, 10.

Schriften auszuschliessen. Fest und Buch sind eines Volkes unwürdig, das gewillt ist, seine nationale und sittliche Regeneration unter ungeheuren Opfern herbeizuführen; stellen sie doch eine Verherrlichung der Assimilation, des Muckertums, der hemmungslosen Erfolgsanbeterei dar.«[193]

In Schalom Ben-Chorins Haltung gegenüber dem Buch Ester mischen sich drei unterschiedliche Motivlagen[194]: Zunächst spricht aus ihr eine liberal-jüdische Distanz, die es als ein »Buch der Rache« ablehnt. Aber auch der säkulare wie der religiöse Zionismus können mit ihm nur wenig anfangen. Denn statt den jüdischen Nationalgeist zu wecken, wird die Diaspora-Existenz des jüdischen Volkes weiter zementiert. Und drittens schließlich vermisst Ben-Chorin einen positiven Beitrag des Ester-Buches zur religiösen und moralischen Erneuerung des Judentums, die er für notwendig erachtet. Es fehlt ihm in dieser Hinsicht der Vorbildcharakter der beiden jüdischen Hauptfiguren, die in seinen Augen äußerst zweifelhaft agieren.

Amos Gitais Film »Esther« hat 1986 zunächst einige Aufmerksamkeit erfahren, ist danach aber relativ schnell in Vergessenheit geraten. Das Drehbuch folgt sehr eng dem biblischen Text, der von einem Erzähler über weite Strecken wörtlich wiedergegeben wird. Dass es sich dennoch nicht um einen klassischen Bibelfilm handelt, liegt sowohl am Drehort als auch am Kontext, in den Gitai die Handlung einbettet. Sie spielt in einem ursprünglich arabischen Viertel der israelischen Hafenstadt Haifa, dessen Bewohner 1948/49 vertrieben wurden oder geflohen sind. Die biblische Ge-

---

193 Ben-Chorin, Kritik, 5.
194 Vgl. Wacker, Estherbuch, 42.

schichte wird auf diese Weise in die Gegenwart geholt und in Zusammenhang gebracht mit dem Konflikt zwischen Juden und Arabern bzw. Israelis und Palästinensern. Über die Intention seiner kritischen Anspielungen auf die gesellschaftliche und politische Situation in Israel schreibt Gitai:

»I realized that it (the Book of Esther) is about a cycle of repression. It is about oppressed people who gradually turn into oppressors.«[195]

Am Ende des Films verschmelzen die Figur des Mordechai und die Figur des Haman miteinander, wenn Mordechai im Gewand Hamans erscheint. Und nach der Schlussszene verknüpfen die jüdischen und arabischen Schauspieler ihre Rolle mit ihrer eigenen Biographie und den Gewalt- und Diskriminierungserfahrungen auf beiden Seiten. Gleichzeitig bringen sie in ihren Statements auch die Hoffnung auf Frieden zum Ausdruck. Mit einer Ablehnung des Ester-Buches ist Gitais filmische Lesart nicht verbunden. Im Gegenteil: Der Regisseur versteht den biblischen Text gerade in seiner Anstößigkeit als Mahnung gegen Gewalt und Vergeltung.

2. Schattendasein: Ester im Christentum

In der christlichen Theologie und Kirche spielt das Buch Ester nur eine untergeordnete Rolle. Direkte Bezugnahmen darauf sind selten und von geradezu gegensätzlichen Sichtweisen geprägt. Konnte Ester an-

---

195 Zitiert nach Wacker, Estherbuch, 51.

fangs als Vorbild für christliche Tugenden dienen und im Mittelalter im Rahmen allegorischer Auslegung mit der Kirche und Maria in Verbindung gebracht werden, melden sich in der Neuzeit kritische Stimmen mit einer ablehnenden Haltung zu Wort. Erst die wissenschaftliche Exegese ab Ende des 20. Jh. hat einen neuen Zugang zu dieser biblischen Schrift gefunden und eröffnet. Von einer breiten Rezeption in christlichen Kreisen ist sie dennoch weit entfernt.

2.1. Ester als Vorbild: Clemens von Rom und Clemens von Alexandrien

Der erste bekannte Verweis eines christlichen Autors auf das Buch Ester findet sich im 1. Clemensbrief, der zwischen 93 und 97 n. Chr. entstanden ist.[196] Als Verfasser dieses an die Gemeinde in Korinth gerichteten Schreibens gilt Clemens von Rom. Ester wird darin als Beispiel für den selbstlosen Einsatz und Verzicht zugunsten anderer erwähnt und neben Judit explizit als Frau geehrt:

»Nicht weniger begab sich auch die glaubensstarke Ester in Gefahr, um die zwölf Stämme Israels zu retten, als ihnen der Untergang drohte. Denn durch ihr Fasten und ihre Demütigung stellte sie ihre Bitte an den allsehenden Herrn, den Gott der Äonen. Er schaute auf die Demut ihrer Seele und rettete das Volk, um dessentwillen sie die Gefahr auf sich genommen hatte.«[197]

Ganz ähnlich äußert sich auch Clemens von Alexandrien (150–215 n. Chr.) in seinem theologisch-philosophischen Hauptwerk »Stromata«:

---

196 Vgl. Schneider, Clemens von Rom, 19f.
197 1 Clem 55,6. Übersetzung zitiert nach Schneider, Clemens von Rom, 199.

»Wiederum errettete die im Glauben vollkommene Esther Israel aus der Gewalt des Tyrannen und der Grausamkeit seines Statthalters; ganz allein, eine durch Fasten geschwächte Frau, wagte sie den Kampf gegen viele Tausende von bewaffneten Männern und machte durch ihren Glauben den Erlass des Tyrannen rückgängig. Und den einen (den König) besänftigte sie, und den Plan des Haman vereitelte sie und erhielt durch ihr vollkommenes Gebet zu Gott Israel unversehrt.«[198]

Beide Schriften setzen demnach das Buch Ester als bekannt voraus und zeugen davon, dass es positiv rezipiert wurde. Seine Zugehörigkeit zum Kanon der heiligen Schriften steht in der Alten Kirche aber offenbar noch nicht fest. In Melito von Sardes' Verzeichnis der kanonischen biblischen Bücher (um 170 n. Chr.) fehlt Ester, und Athanasius erwähnt es nur als ein Buch außerhalb des Kanons.[199] Dieser Befund ist jedoch kaum mit einer speziell christlichen Haltung gegenüber dem Buch Ester zu erklären.[200] Denn auch in jüdischen Kreisen ist es in dieser Zeit nicht unumstritten, wie die Diskussion im Talmud zeigt.[201] Mit der bleibenden Orientierung am jüdischen Kanon hält die Kirche auch am Buch Ester fest – freilich in unterschiedlichen Fassungen. Im lateinischsprachigen Westen lange Zeit maßgeblich und prägend ist die Ausgabe der (später) sogenannten »Vulgata« des Hieronymus, die dem he-

---

198 Stromata IV, Kap. XIX, 119,1 f. Übersetzung zitiert nach Clemens von Alexandrien, Teppiche, 81.
199 Zur Kanonliste des Melito vgl. Melito of Sardis, On Pascha, 67; zu jener des Athanasius vgl. Gemeinhardt, Athanasius, 282–284.
200 Mosis, Bücher des »Alten Bundes«, 141.
201 Siehe oben, S. 155.

bräischen Text folgt und die »Zusätze« der Septuaginta gesammelt an den Schluss des Buches stellt.

Bezugnahmen auf Ester in Texten aus der Zeit der Alten Kirche begegnen in unterschiedlichen thematischen Zusammenhängen.[202] Die Autoren stellen entweder ihre Tapferkeit oder ihre Frömmigkeit heraus, aufgrund derer sie ihr Volk gerettet habe. Dass Ester ihr eigenes Leben aufs Spiel setzt, gilt als genauso bewunderns- und nachahmenswert wie ihr Fasten und ihr Gebet. Ihre Rolle wird gegenüber Mordechai teilweise deutlich aufgewertet. Ester erscheint insgesamt aktiver und selbständiger. Ungeachtet der Tatsache, dass es sich um eine jüdische Frau handelt, kommt ihr eine Vorbildfunktion für christliche Frauen und Männer gleichermaßen zu. Wobei im Hintergrund trotzdem oft ein Frauenbild steht, das seinen männlichen Blickwinkel verrät. Der Mut und die Stärke, für die Ester gelobt wird, sind männlich konnotierte Eigenschaften. Und der Verweis auf ihre besondere Schönheit und ihren Schmuck dient ausgerechnet als Argument gegen das übertriebene Herausputzen und Zurschaustellen des Körpers.

2.2. *Ester ist die Kirche: Hrabanus Maurus*

Ein typisches Zeugnis der christlichen Lektüre des Ester-Buches im frühen Mittelalter liegt mit dem Kommentar des ostfränkischen Gelehrten und späteren Abtes und Erzbischofs Hrabanus Maurus (um 780–856) vor.[203] Auf der Grundlage der damals üblichen Lehre

---

202 Vgl. dazu Siquans, Esther.
203 Zum Ester-Kommentar des Hrabanus Maurus insgesamt vgl. Dochhorn, Esther-Kommentar. Auf ältere allegorische Auslegungen des Ester-Buches weist Siquans, Esther, 427–429, hin.

vom vierfachen Schriftsinn deutet er den biblischen Text weitgehend allegorisch. Das Buch Ester, so Hrabanus Maurus, enthalte »vielfältiglich die Geheimnisse Christi und der Kirche in verborgener Weise« und wird von ihm entsprechend interpretiert.[204] Das heißt: Personen und Ereignisse in der Erzählung stehen für andere Personen und Ereignisse auf der Ebene des christlichen Glaubens und der christlichen Theologie.

Gemäß diesem Auslegungsprinzip identifiziert Hrabanus Maurus den persischen König Ahasveros mit Christus und Ester mit der Kirche, die an die Stelle des jüdischen Volkes (Königin Waschti) tritt. In Mordechai sieht er die Lehrer der Kirche, insbesondere Paulus, der wie Mordechai seiner Herkunft nach zum Stamm Benjamin gehört (vgl. Phil 3,5). Dass Paulus sich selbst einmal als »Vater« der Gemeinde in Korinth bezeichnet (vgl. 1 Kor 4,15), unterstützt die Korrelation, die Hrabanus Maurus zwischen Mordechai und seiner Adoptivtochter Ester auf der einen Seite und Paulus und der Kirche auf der anderen Seite vornimmt. Haman schließlich verkörpert für ihn die Herrscher der Welt, die Gottes Gunst missbrauchen und allein auf ihre eigene Ehre bedacht sind. Vor allem aber steht Haman für das Volk der Juden, das sich gegen Christus und die Kirche stellt und am Ende seine gerechte Strafe empfängt. Aus den Verfolgten im Buch Ester werden die Verfolger.

Dass die allegorische Auslegung des Hrabanus Maurus in besonderer Weise antijüdisch motiviert gewesen ist, wird man nicht behaupten können.[205] Aber sie entspricht der in christlichen Kreisen lange Zeit ver-

---

204 Dochhorn, Esther-Kommentar, 161.
205 Dochhorn, Esther-Kommentar, 170.

breiteten Vorstellung, dass Gott das jüdische Volk »verstoßen« habe und die Kirche an seine Stelle getreten sei. Es handelt sich dabei um ein Auslegungsschema, das letztlich von außen an den biblischen Text herangetragen und nur scheinbar durch ihn selbst bestätigt wird. Dieses Verfahren mag aus heutiger Sicht befremdlich wirken und muss Kritik hervorrufen. Es hat aber dafür gesorgt, dass auch biblische Schriften wie das Buch Ester im Christentum relevant und interessant blieben – ganz im Gegensatz zu abwertenden Haltungen ihm gegenüber in späterer Zeit. Die Gleichsetzung von Ester und Maria, die dann v. a. in der spätmittelalterlichen Kunst zu beobachten ist,[206] verdankt sich ebenfalls diesem Auslegungsprinzip.

2.3. Abwertung: Martin Luther

Martin Luther hat aus seiner ablehnenden Haltung gegenüber dem Buch Ester keinen Hehl gemacht. Einschlägig bekannt ist in diesem Zusammenhang eine Aussage in den »Tischreden« des Jahres 1533:

»Ich bin dem Buch [2 Makkabäer – K.W.] und [dem Buch – K.W.] Esther so feind, daß ich wollte, sie wären gar nicht vorhanden; denn sie judenzen zu sehr, und haben viel heidnische Unart.«[207]

Ähnlich hatte er sich auch bereits 1525 in seiner programmatischen Schrift De servo arbitrio (»Über die Knechtschaft des Willens«) geäußert. Das Buch Ester, schreibt er dort, habe es seiner Meinung nach ganz

---

206 Siehe dazu unten, S. 177f.
207 WA Tischreden Bd. 1, 208.

besonders verdient, nicht in der Bibel enthalten zu sein.[208]

Diese Urteile stehen im Zusammenhang mit der Haltung Luthers gegenüber den Juden allgemein.[209] Sie beziehen sich vor allem auf das Buch Ester als literarisches Werk und dessen besondere Wertschätzung im Judentum. Von Ester und Mordechai als Protagonisten der Erzählung kann er dagegen in höchsten Tönen sprechen. Sie gehören für ihn zu den Vorbildern des Glaubens, die ihr Leben aufs Spiel setzen, um ihr Volk zu retten. Luther bewegt sich hier ganz in der Tradition der altkirchlichen Sichtweise, die Esters Unterordnung und Verzicht zum Wohle anderer als lobens- und nachahmenswert hervorhebt.[210] Er kann Ester sogar »Gottes liebe Tochter« und »frommste Königin« nennen.[211]

Dass diese positiven Zuschreibungen auch eine Form von Instrumentalisierung und (impliziter) Abwertung sein können, darf freilich nicht übersehen werden: Ester und andere Figuren der Hebräischen Bibel sind nur dann von Interesse, wenn sie einem christlichen Ideal entsprechen und zur Illustration des Wirkens Jesu bzw. des Verhaltens von Christen dienen können. Letztlich kommt ihnen dabei keine eigenständige Bedeutung zu.

Schwerer wiegt jedoch die Ablehnung, die Martin Luther dem Buch Ester als solches entgegenbringt. Sie hat mit seiner im Laufe der Zeit zunehmend negativen Einstellung gegenüber den Juden zu tun und mit der

---

208 WA, Bd. 18, 666.
209 Zum komplexen Verhältnis Martin Luthers gegenüber den Juden und dem Buch Ester vgl. Kalimi, Martin Luther.
210 Siehe dazu oben, S. 168–170.
211 WA, Bd. 12, 593 (»liebe Tochter«); WA Briefwechsel Bd. 10, 139 (piissima regina –»frommste Königin«).

Beliebtheit des Buches Ester im Judentum. Aber auch inhaltliche Gründe spielen eine Rolle, v. a. die von Juden ausgehende Gewalt (vgl. Est 8,11.13; 9,5–16) und die erzählte Hinwendung von Menschen zum Judentum (vgl. Est 8,17). Zu Beginn seines Wirkens als Reformator war Luther überzeugt, dass die Juden sich einem von allen unbiblischen Lehren und Entwicklungen gereinigten christlichen Glauben zuwenden würden. Diese Hoffnung konnte sich nicht erfüllen. Besonders in den späteren Phasen seines Lebens mehren sich dann Aussagen, die die Juden regelrecht verteufeln. Luthers antijüdische und auch antisemitische Äußerungen wirken sich auch auf seinen Umgang mit Inhalten des Buches Ester aus, die entsprechend gedeutet und als Begründung herangezogen werden. In Anspielung auf den Sieg der Juden über ihre Feinde schreibt er:

»O, wie lieb haben sie [die Juden – K.W.] das Buch Esther, das so fein stimmet auff ire blutdürstige, rachgyrige, mördische begir und hoffnung, Kein blutdürstigers und rachgyrigers Volk hat die Sonne je beschienen, als die sich düncken lassen, Sie seinen darumb Gottes Volck, das sie sollen und müssen die Heiden morden und würgen.«[212]

Dass im Buch Ester die Feindschaft gegenüber dem jüdischen Volk und der Versuch, es auszulöschen, die Ursache für die Gewaltanwendung ist, spielt bei dieser Argumentation keine Rolle. Nicht die Judenfeindschaft wird kritisiert, sondern dass Juden ihr Leben verteidigen – ein bis heute typisches antijüdisches Stereotyp.

---

212 WA, Bd. 53, 433.

2.4. Neubesinnung

Noch immer erfährt das Buch Ester im kirchlichen Kontext kaum Aufmerksamkeit. Nur vereinzelt gab und gibt es Versuche, diese biblische Schrift einem breiteren Publikum zu erschließen.[213] Die wissenschaftliche Exegese und Theologie dagegen hat sich ihr ab Ende des 20. Jh. verstärkt zugewendet.[214] Ausgehend von Impulsen aus Großbritannien und den USA sind seitdem auch im deutschsprachigen Raum neuere Kommentare und Studien zum Buch Ester und seinen verschiedenen Fassungen erschienen. Arbeiten wie die von Arndt Meinhold, Beate Ego, Marie-Theres Wacker, Harald Martin Wahl, Kristin De Troyer, Jean-Daniel Macchi u. a. zeugen von einem gewachsenen Interesse an diesem Thema und einem unvoreingenommenen Blick auf den Inhalt des Buches.[215] Neben Fragen der Entstehung und Textüberlieferung ist v. a. seine literarische Gestalt in den Fokus gerückt. Im Zusammenhang damit hat sich auch der Umgang mit der Gewaltproblematik geändert. So wurde zum einen der fiktionale Charakter der Erzählung erkannt und ernst genommen und dass sie in den historischen Kontext ihrer Entstehung eingeordnet werden muss. Dazu gehören die Erfahrungen der jüdischen Minderheit unter den verschiedenen Herrschaftskonstellationen in persischer und hellenistischer Zeit. Zum anderen hat die

---

213 Zu nennen sind die Ausgabe der Zeitschrift »Bibel heute« zum Buch Ester (Verlag Katholisches Bibelwerk e.V. 2006), der Band mit verschiedenen Beiträgen in der Reihe »Die Bibel erzählt …« (Verlag Erev-Rav 2005), sowie Wacker, Ester.
214 Vgl. den Forschungsüberblick von Wahl, Esther-Forschung.
215 Siehe dazu die Arbeiten der genannten Autorinnen und Autoren im Literaturverzeichnis.

genaue Lektüre gezeigt, dass der Text selbst die Anwendung von Gewalt begrenzt. Und die Beschäftigung mit der jüdischen Rezeptionsgeschichte des Ester-Buches hat die bereits früh spürbare Distanz gegenüber den fraglichen Inhalten von Kap. 8f. sowie deren liturgische Brechung durch ein Fest mit karnevalesken Zügen deutlich werden lassen.

Das war nicht immer so. Bis weit in das 20. Jh. hinein ist die v. a. protestantisch dominierte wissenschaftliche Exegese und Theologie dem Buch Ester häufig mit großen Vorbehalten und abwertenden Urteilen begegnet. Ob es »nicht zu sehr die Überlegenheit des Judentums« herausstellt, wurde beispielsweise kritisch gefragt,[216] oder sein »Selbsterhaltungswille« als Irrweg charakterisiert, der »in die Sünde und Schuld hinein« führe und den Zugang zu dieser biblischen Schrift belaste.[217] Auch dass es so wenig von Gott spricht, ist neben ethischen und moralischen Bedenken immer wieder bemängelt worden. Während selbst kurz nach der Schoa noch ernsthaft behauptet werden konnte, dass das Buch Ester Christen »religiös nichts zu sagen habe«,[218] sind Auslegerinnen und Ausleger heute selbstkritischer. Sie haben erkannt, dass das Christentum »in der Geschichte vielfach die Rolle des Haman gespielt hat« und vor diesem Hintergrund »die Lektüre des Buches Ester eine notwendige Gewissensforschung und eine Aufforderung zur Umkehr« darstellt.[219]

---

216 Schmidt, Einführung, 323.
217 Bardtke, Esther, 407.
218 Vgl. Zenger, Einleitung, 275.
219 So Zenger, Einleitung, 275.

3. Das Buch Ester und die Kunst

Trotz mancher Sperrigkeit vor allem der Inhalte von Est 8f. hat das Buch Ester künstlerisches Schaffen inspiriert. Vom Mittelalter über die Neuzeit bis hin zur Moderne finden sich zahlreiche Beispiele dafür. Einige davon sollen im Folgenden kurz vorgestellt werden. Der Überblick beschränkt sich dabei im Wesentlichen auf den westeuropäischen Kontext.

3.1. Malerei und Buchkunst

Zu nennen sind hier zunächst die bildlichen Darstellungen in der mittelalterlichen Buchmalerei. Neben der Illustration einzelner Szenen gehört dazu auch die typologische Parallelisierung von Ester und Maria. Sie steht im Zusammenhang mit der damals üblichen allegorischen Auslegung des Buches Ester sowie mit der Zuordnung von Figuren und Episoden aus dem Alten und dem Neuen Testament nach dem Schema Verheißung (AT) und Erfüllung (NT). Zwei für die auf Maria bezogene Theologie und Frömmigkeit wichtige Motive sind ihre Krönung durch Christus und ihre Fürbitte für die Gläubigen bei Gott. Beides wird mit Inhalten des Buches Ester verknüpft: Ester wird von Ahasveros zur Königin erhoben und gekrönt (Est 2,17), und Ester wendet sich zugunsten ihres Volkes an ihn bzw. an Gott. Die Gleichsetzung von Ahasveros mit Christus begegnet bereits im Ester-Kommentar des Hrabanus Maurus, während das Motiv der Fürbitte – und zwar nicht nur gegenüber dem König, sondern auch im Gebet vor Gott – in der griechischen und in der lateinischen Fassung des Ester-Buches verankert ist.

Abb. 13: Salomo und Batseba (oben links), Ahasveros und Ester (oben rechts), Krönung Mariens durch Jesus (unten). Biblia Pauperum, 14. Jh.

Die Korrelation von Maria und Ester begegnet darüber hinaus auch im Bildprogramm von Kirchen, so etwa in der Sixtinischen Kapelle in Rom (Michelangelo), in San Sebastiano in Venedig (Paolo Veronese) und in der neogotischen Marienbasilika in Kevelaer. In Kevelaer sind auf dem östlichen Pfeiler vor dem Marienchor übereinander drei Szenen aus dem Buch Ester dargestellt: Esters Audienz beim König, die Entlarvung Hamans während ihres zweiten Gastmahls sowie seine Hinrichtung am Galgen. Die im Stil der Nazarener gehaltenen

Mineralmalereien wurden von Friedrich Stummel (1850–1919) und seinen Schülern geschaffen. Sie betonen v. a. die kämpferische Seite Esters bzw. Marias, die durch die bildliche Präsentation anderer alttestamentlicher Frauengestalten wie etwa Judit, Jaël und Debora im unmittelbaren Umfeld der Szenen zusätzlich unterstrichen wird.[220]

Abb. 14: Ester vor Ahasveros. Marienbasilika Kevelaer, Marienkapelle.

---

220 Vgl. Wacker, Ester im Bild, 80f. Zur Marienbasilika von Kevelaer und ihrem Bildprogramm vgl. Grittern, Marienbasilika.

Esters Gang zum König und Hamans Entlarvung sind auch über die künstlerische Ausgestaltung von Bibelhandschriften und Gotteshäusern hinaus beliebte und entsprechend ebenso häufig wie variantenreich umgesetzte Bildmotive. Ester steht demütig gebeugt vor dem König, der wohlwollend das Zepter auf sie richtet, oder sie fällt vor ihm in Ohnmacht (vgl. die Textfassung der Septuaginta) und wird vom König oder von ihren Dienerinnen gestützt. Andere Arbeiten zeigen das Gastmahl Esters mit Haman und dem König, bei dem Ester Haman anklagt und er sie um Gnade anfleht. Auch die Vertreibung Waschtis, der Schönheitswettbewerb, Esters Vorbereitung auf die erste Begegnung mit dem König, ihre Krönung und das anlässlich der Hochzeit veranstaltete Festmahl, die Ehrung Mordechais durch Haman, dessen Hinrichtung und die Abfassung des Gegendiktes sind wiederkehrende Szenen. Besonders in der Zeit der Renaissance und des Barock haben sich zahlreiche deutsche, niederländische, französische und italienische Maler mit dem Stoff des Ester-Buches beschäftigt.[221] Was seine weibliche Hauptfigur angeht, ist insgesamt ein breites Spektrum an Darstellungsweisen zu beobachten. Manche Künstler präsentieren Ester als schöne, zurückhaltende, beinahe schüchtern wirkende, junge Frau. Bei anderen ist sie reiferen Alters, selbstbewusst und aktiv am Geschehen beteiligt. Dem höfischen Milieu der Handlung entsprechend dominieren häufig voluminöse kostbare Kleider. Erst im 19. Jh. wird Ester vereinzelt auch leicht bekleidet oder teilweise nackt dargestellt (z. B. Théodore Cassériaus »La toilette d'Ester« von 1841).

---

221 Vgl. Wacker, Ester im Bild; Weber, Art. Esther.

Abb. 15: Rembrandt: Ahasveros und Haman beim Gastmahl von Ester (Öl auf Leinwand, 1660).

Das Judentum hat sich dem künstlerischen Umgang mit dem biblischen Text nicht verschlossen.[222] Neben den bereits beschriebenen Wandbildern in der Synagoge von Dura Europos aus dem 3. Jh. und den Arbeiten etwa von Marc Chagall (1887–1985), Arieh Allweil (1901–1967), Leonard Baskin (1922–2000), Arthur Szyk (1894–1951) oder Lilian Broca (geb. 1946) im 20. Jh. sind u. a. die mit figürlichen Darstellungen versehenen Ester-Rollen zu nennen, die es seit dem 17. Jh. gibt. Sie waren für den privaten Gebrauch bestimmt und dienten als prestigeträchtige Geschenke. Da das Buch Ester nicht direkt von Gott spricht, geht es hier weniger streng zu, was die Abbildung von Menschen betrifft.

---

222 Vgl. Walfish, Images.

Ein besonderes Exemplar einer solchen Prachtrolle befindet sich in der Gottfried Wilhelm Leibniz Bibliothek in Hannover (Abb. 17 und 18). Es stammt aus dem Jahr 1746 und ist die einzige bekannte Ester-Rolle aus dieser Zeit mit deutschem Text.

Abb. 16: Arthur Szyk: Szyk und Haman (1950).

Abb. 17: Prachtrolle Ester (Übersicht).

Abb. 18: Prachtrolle Ester (Detail).

In derselben Tradition steht auch eine gedruckte hebräische Ausgabe der Ester-Rolle aus dem Jahr 1936 mit Illustrationen von Otto (Nathan) Geismar (1873–1957). Geismar war von 1904–1936 Kunstlehrer an einer jüdischen Schule in Berlin. 1939 konnten er und seine Frau nach Brasilien emigrieren. Seine noch in Berlin entstandenen Illustrationen zum Buch Ester zeichnen sich durch einen modernen minimalistischen Stil mit einfacher und klarer Linienführung aus. Gleichzeitig wirken sie humorvoll überspitzt, so dass auf diese Weise die Vorgänge am persischen Hof leicht karikiert werden.

Abb. 19: Illustration in einer Ester-Rolle von Otto (Nathan) Geismar, 1936. Dargestellt sind das erste (oben links, Est 5,5–8) und das zweite (Mitte, Est 7,1–10) Gastmahl Esters, die zweite Unterredung Hamans mit seiner Frau (oben rechts, Est 6,13), sowie die Niederschrift des Gegenediktes (unten rechts) und dessen Verbreitung durch die persische Post (unten links, Est 8,9–14).

3.2. Literatur

Im Bereich der Literatur sind es v. a. Bühnenwerke und Gedichte, die auf das Buch Ester Bezug nehmen.[223] Ester-Dramen gibt es seit dem 16. Jh. in stattlicher Zahl. Nennenswerte Bekanntheit besitzen die meisten heute allerdings kaum mehr. Nur die Namen einiger ihrer Verfasser sagen uns noch etwas. Dazu gehören Dichter wie Hans Sachs, Jean Racine oder Johann Wolfgang von Goethe. Zu erwähnen sind in diesem Zusammenhang auch die jüdischen Purimspiele, eine Mischung aus Liedern, Tänzen, Musik und possenhaften Inszenierungen anlässlich des Purimfestes. Dieser Brauch, der sich bis ins Mittelalter zurückverfolgen lässt, erlebte in der Frühen Neuzeit eine erste Blüte.[224] Nur selten sind die Texte der volkstümlichen Schauspiele und Komödien aus dieser Zeit erhalten geblieben. Noch bis Anfang des 20. Jh. sind vergleichbare Werke entstanden.[225]

Johann Wolfgang von Goethe ist in seiner Geburtsstadt Frankfurt mit den Purimspielen in Kontakt gekommen. Sein 1774 erschienenes »Jahrmarktsfest von Plundersweilern« enthält zwei Akte zu Ester, die möglicherweise durch diese Begegnung inspiriert waren. 1975 wurde das Stück von Peter Hacks aufgegriffen und zu einer politischen Satire umgestaltet.[226] Frag-

---

223 Einen Überblick bietet Motté, Esthers Tränen, 183–207.
224 Vgl. den Überblick von Daxelmüller, Ester.
225 Daxelmüller, Ester, 450, nennt die 1907 entstandene Operette »Ahasverus« von Abraham Goldfaden und die Opernparodie unter dem mit Esters hebräischen Namen Hadassa spielenden Titel »Ha-Ha-Hadassah« von Mabel H. Meyer aus dem Jahr 1937.
226 Peter Hacks: Das Jahrmarktsfest zu Plundersweilern, in: Hacks, Jahrmarktsfest; vgl. Motté, Esthers Tränen, 196 f.

ment geblieben sind dagegen Franz Grillparzers »Esther« (entstanden zwischen 1830 und 1840) und ein 1914 ebenfalls dem Ester-Stoff gewidmetes Theaterstück von Franz Werfel. Grillparzer hat seine Arbeit als Beziehungsdrama angelegt, bei dem es weniger um die drohende Vernichtung der Juden geht.[227] Im Mittelpunkt steht die Beziehung zwischen Esther und dem König. Sie zerbricht daran, dass Esther dem König ihre Herkunft verschweigt. Diesem Ansatz folgt auch Felix Brauns Tragödie »Esther« von 1925. Hier nimmt sich Haman am Ende selbst das Leben, Esther kehrt zu Mordechai zurück, und der König versöhnt sich wieder mit Waschti, die bis dahin unerkannt in seiner Nähe geblieben war.

Ganz anders gehen Max Brod (1884–1968) und Fritz Hochwälder (1911–1986) bei ihrer Rezeption des Ester-Buches vor. Beide versetzen die Handlung in einen anderen geschichtlichen Zusammenhang und legen den Schwerpunkt auf politische Fragestellungen. Bei Max Brod (»Eine Königin Esther«, 1918) wird trotz des märchenhaften Charakters unverkennbar auf den Ersten Weltkrieg angespielt.[228] Der König in dem Stück schließt einen Frieden, der für ihn zwar demütigend ist, aber dem Blutvergießen ein Ende bereitet. Seine Entscheidung wird von Haman kritisiert und in Frage gestellt. Mehr und mehr entwickelt sich der Konflikt zwischen den beiden zu einem Konflikt zwischen Haman und Esther, die an die Kraft der Versöhnung glaubt. Obwohl Haman und Esther sich zueinander hingezogen fühlen, kann

---

227 Franz Grillparzer: Esther, in: Grillparzer, Werke I, 473–523. Abweichend von der bisherigen Praxis folgt die Schreibung des Namens Ester dem jeweiligen Werk.

228 Max Brod: Eine Königin Esther, in: Brod, Königin.

Esther ihr Volk nur retten, indem sie Haman tötet. Dass Frieden nur durch Gewalt hergestellt und ein Unrecht nur durch ein anderes verhindert werden kann, ist die Tragik in diesem Stück. Die Freude der Juden über Hamans Tod und das Purimfest, das ihr zu Ehren gefeiert werden soll, bewegen Esther zur Rückkehr zu ihrem Volk. Sie sieht ihre Aufgabe darin, das Feiern dieses Sieges und des damit verbundenen Festes zu verhindern. Doch Waschti, die verstoßene Ehefrau des Königs, rächt sich an Esther, so dass sie stirbt.

Auch der seit 1938 in der Schweiz lebende Fritz Hochwälder nimmt in dem Drama »Esther« (1940) Bezug auf seine Gegenwart und die jüngere Vergangenheit.[229] Das Stück spielt in einem Staat, der als desolat charakterisiert wird und in dem die Partei der »Erwachenden« mehr und mehr an Zulauf und Einfluss gewinnt. Ihr Anführer ist Haman, der einst – hier greift Hochwälder ein Motiv der traditionellen jüdischen Auslegung auf – ein Diener Mordechais und Esthers gewesen ist. Für die antisemitisch eingestellten »Erwachenden« sind die Juden an allem schuld. Während Mordechai sich sicher fühlt, weil er ganz auf die Gerechtigkeit des Königs und auf seine gesellschaftliche Stellung vertraut, nimmt die unpolitische Künstlerin Esther den Ernst der Lage überhaupt nicht wahr. Nur ihr Bruder Benjamin sieht die Gefahr und rät zur Flucht. Haman wird am Ende zwar beseitigt. Doch für die Juden ändert sich nichts: Sie bleiben die Sündenböcke für alle und alles. Als Mordechai das erkennt, zerreißt er die Urkunde mit dem Adelstitel, den der Kö-

---

229 Fritz Hochwälder: Esther, in: Hochwälder, Esther. Vgl. Langenhorst, Überall blickt Gott, 162–164; Kinkel, Naemi, 70 f.; Motté, Esthers Tränen, 193–195.

nig ihm verliehen hat. Esther schlägt die Ehe mit dem König aus und kehrt zu Mordechai zurück.

Mehrere Entwürfe für einen Roman über Ester gibt es von Lion Feuchtwanger.[230] Sie werden auf das Jahr 1942 datiert. Feuchtwanger nennt den Stoff »aktuell«, lässt die Situation der Juden als Opfer der nationalsozialistischen Vernichtungspolitik jedoch in den Hintergrund treten. Sein Hauptaugenmerk gilt vielmehr der Spannung zwischen dem Leben in der Diaspora und der Rückkehr nach Israel: Der persische König gibt den Juden ihr Land zurück, aber der antisemitische Großgrundbesitzer Haman will die jüdische Einwanderung verhindern. In seinen verschiedenen Entwürfen hat Feuchtwanger die Figuren und die Handlung des Romans vorskizziert. Zu einer Umsetzung des Projektes ist es jedoch nicht gekommen. Aussagen Feuchtwangers legen nahe, dass er durch seine Auseinandersetzung mit dem Buch Ester und dem gewählten komplexen Thema nicht unbeabsichtigt dem Antisemitismus Vorschub leisten wollte, wie es bei der nationalsozialistischen Rezeption seines Romans »Jud Süß« der Fall war. Sein 1954 erschienener Roman »Die Jüdin von Toledo« über das Schicksal der spanischen Juden im 13. Jh. weist jedoch eine Reihe von Ähnlichkeiten mit Inhalten des Buches Ester auf.[231] Dass diese literarischen Bezüge nicht zufällig sind, geht aus dem Nachwort des Verfassers hervor.

Nicht weniger bedeutsam sind die Gedichte über Ester, die im 20. Jh. geschaffen wurden. Sie stammen u. a. von Rainer Maria Rilke (1875–1926), Gertrud Kol-

---

230 Siehe dazu die Ausführungen von Kinkel, Naemi, 71–86. Feuchtwangers Entwürfe sind ebd., 126–182, zugänglich gemacht.
231 Vgl. Kinkel, Naemi, 87–104, sowie Motté, Esthers Tränen, 205–207.

mar (1894–1943), Else Lasker-Schüler (1869–1945) und Johannes Bobrowski (1917–1965). Trotz ihrer inhaltlichen und stilistischen Unterschiede spielt in allen die Begegnung zwischen Ester und dem König eine zentrale Rolle. Rilke[232] greift dabei besonders die griechische Fassung der Audienzszene in der Septuaginta auf, in der Ester beim Anblick des Herrschers in Ohnmacht fällt. Auffällig an seinem Gedicht ist v. a., dass hier Gott und König zu einer Person verschmelzen. Esther sieht den, »an dem man stirbt, wenn man ihn schaut«. Doch sie begreift seine Zuwendung »innen« und überlebt.

Am deutlichsten verlässt das Gedicht von Gertrud Kolmar die biblischen Bahnen des Esther-Stoffs.[233] Schon der erste Satz markiert die Differenz: »Das aber war nicht Liebe.« Die Beziehung zwischen Esther und dem König ist für Kolmar keine romantische Liebe. Schon deshalb nicht, weil Frauen im zeitgeschichtlichen Kontext der Erzählung aus ihrer Sicht vorrangig Objekte männlicher Lust gewesen sind. Beinahe enttäuscht stellt der König fest, dass Esther gar nicht »reicher« an äußerlicher Schönheit ist als die anderen jungen Frauen, mit denen er die Nacht verbrachte. Was Esther vielmehr auszeichnet, ist die »Qual«, die »ewige Niederlage« ihres Volkes, die sie schweigend trägt wie eine schwere Last. Als (Mit-)Leidende jedoch öffnet

---

232 Rainer Maria Rilke: Esther, in: Rilke, Werke II, 570f. Vgl. Motté, Esthers Tränen, 197–199; Langenhorst, »Überall blickt Gott auf Esther«, 152–156, sowie ders., »Das war aber nicht Liebe«, 399–402.
233 Gertrud Kolmar: Esther; in: Kolmar, Weibliches Bildnis, 71f. Vgl. Nowak, Verhältnis, 329–331; Motté, Esthers Tränen, 201f.; Langenhorst, »Überall blickt Gott auf Esther«, 156–158, sowie ders., »Das war aber nicht Liebe«, 402–405.

sie dem König »langsam« die Augen für das jüdische Volk.

Was das Judentum Ester verdankt und das Andenken an sie ist das Thema des Gedichtes von Else Lasker-Schüler aus dem Jahr 1913.[234] Der »König lächelt ihrem Nahen entgegen – Denn überall blickt Gott auf Esther«. Gottes Gunst und Esters rettende Fürsprache beim König hauchen ihrem Volk Leben (»Weizenhalme«) und Freude (»Festtage«) ein. In »Säulen« gehauene Lieder bewahren die Erinnerung an sie.

Die Existenz des jüdischen Volkes zwischen Fremde und Heimat beleuchtet Johannes Bobrowski in seinem Gedicht »Eszther« (1963).[235] Ihr Volk »zerstreut« sich »unter die Völker und sitzt im Tor« (vgl. Est 2,19). Schicksalsergeben und entschlossen begibt sich Eszther zum König, der furchteinflößend und ehrgebietend auf seinem steinernen Thron sitzt. Sie erschrickt. Eine »Herrlichkeit mit Blitzen jagt durch den Himmel« und »das springende Blut der Trompeten« baut ihr »Haus«. Besonders diese Metaphern im letzten Teil des Gedichtes sind äußerst ambivalent. Denkt Bobrowski an ein göttliches Gericht zugunsten von Eszther und ihrem Volk, an die Bekanntgabe des im Namen des Königs erlassenen Gegenediktes, oder beklagt er vor dem Hintergrund der Schoa den Tod jüdischer Menschen?[236]

---

234 Else Lasker-Schüler: Esther, in: Lasker-Schüler, Sämtliche Gedichte, 169f. Siehe dazu Motté, Esthers Tränen, 199f.; Langenhorst, »Überall blickt Gott auf Esther«, 159f., sowie ders., »Das war aber nicht Liebe«, 406f.

235 Johannes Bobrowski: Eszther, in: Bobrowski, Gedichte, 196. Vgl. Seim, »Eszther«-Gedicht; Henkys, Nachlese; Langenhorst, »Überall blickt Gott auf Esther«, 160–162; ders., »Das war aber nicht Liebe«, 407–409; Motté, Esthers Tränen, 202f.

236 Seim, »Eszther«-Gedicht, versteht den Text als Klage »eines Christen um die Jüdin und ihr Volk« (99) angesichts der Schoa.

3.3. Musik

Von den musikalischen Bearbeitungen des Ester-Stoffes ist das Oratorium von Georg Friedrich Händel (1685–1759) wahrscheinlich die bekannteste.[237] Zwischen 1718 und 1720 entstanden war es sein erstes englischsprachiges Werk. Neben dieser Fassung (HWV 50a) entstand später noch eine zweite (HWV 50b), die im Jahr 1732 uraufgeführt wurde. Das ursprüngliche Libretto, das von einem unbekannten Verfasser stammt, geht zurück auf das Drama »Esther, or Faith Triumphant. A sacred tragedy« von Thomas Brereton (1691–1722) von 1715. Bei diesem wiederum handelt es sich teilweise um eine wörtliche Übersetzung eines Stückes des französischen Dichters Jean Racine (1639–1699). Racine hatte es 1689 für das Theater der Internatsschule für adelige Töchter in Saint-Cyr bei Paris geschrieben. Es sollte v. a. der sittlichen und religiösen Erziehung der Mädchen dienen und wurde entsprechend angepasst. So wird weder näher auf das Verhalten Waschtis eingegangen, noch das Geschehen am Tag der gewaltsamen Auseinandersetzungen zwischen den Juden und ihren Feinden erwähnt. Hamans Vernichtungsedikt wird einfach widerrufen, das Purimfest gibt es nicht. Am Beginn des Stücks ist Esther bereits Königin, Teile der Vorgeschichte sind in die späteren Dialoge eingearbeitet. Eine wichtige und für die Zielstellung des Werkes wesentliche Rolle spielt Gott, den Racine in die Handlung einführt – als Garant

---

Langenhorst, »Überall blickt Gott auf Esther«, 162, lässt die Deutung dagegen offen. Vgl. ders., »Das war aber nicht Liebe«, 408 f. Zu möglichen weiteren Interpretationsansätzen vgl. Haufe, Erläuterungen, 200–202.
237 Vgl. zum Folgenden Landgraf, Esther.

der Gerechtigkeit und dafür, dass christliche Tugenden wie Bescheidenheit und Gottesfurcht sich am Ende auszahlen. Esther, das gehorsame und opferbereite Waisenmädchen aus einfachen Verhältnissen, ist das Werkzeug, durch das Gott dem König die Augen öffnet, ihn zur Umkehr bewegt und das jüdische Volk rettet.[238]

Auch Händels »Esther« konzentriert sich in der Erstfassung ganz auf die Rettung des jüdischen Volkes. Die sechs Szenen sind thematisch klar aufgebaut. Sie beschreiben den Konflikt und führen ihn ohne größere Verzögerung seiner Lösung zu: Esters Bitte für ihr Volk und die Verurteilung Hamans. Demgegenüber ist die zweite Version deutlich umfangreicher und v. a. inhaltlich komplexer. Sie verwendet Teile aus der Erstfassung, fügt aber auch neue Elemente hinzu und ordnet die Abfolge neu.

3.4. Film

Die filmische Rezeption des Ester-Buches beginnt bereits Anfang des 20. Jh. mit Stummfilmen von Louis Feuillade (Frankreich 1910), Theo Frenkel (Großbritannien 1911), Uwe Jens Krafft und Ernst Reicher (Deutschland 1919) u. a. Einerseits eng angelehnt an den biblischen Stoff weichen sie teilweise doch signifikant davon ab. In der Produktion von Krafft und Reicher schmieden Waschti und Haman gemeinsam das Komplott gegen die Juden. Als diese davon erfahren, wird Esther von ihnen zum König gebracht, damit sie ihn durch ihre Schönheit zugunsten des jüdischen Volkes für sich einnimmt. Der König verliebt sich in sie und

---

238 Zu Racines »Esther« vgl. auch Kapp, Racines Esther.

macht sie zur neuen Königin, während Waschti und Haman den König umbringen und die Herrschaft an sich reißen wollen. Waschti initiiert dazu ein Bankett, bei dem jedoch ihre Pläne ans Licht kommen. Die Juden sind gerettet, Haman und Waschti dagegen werden hingerichtet.

Noch stärker entfernt sich »The Undertow« des US-amerikanischen Regisseurs Frank Thorne von seiner biblischen Vorlage. Der Stummfilm aus dem Jahr 1916, der heute als verschollen gilt, spielt in einer Hutfabrik, in der die beiden Vorarbeiter Hammond und Morden beschäftigt sind. Während Hammond unehrlich und gemein ist, genießt Morden das Vertrauen der Belegschaft. Mordens Nichte Esther arbeitet auch in der Fabrik und will dessen Besitzer James King über die Zustände dort informieren. Das versucht Hammond jedoch zu unterbinden. Er plant die Schließung der Fabrik, was Esther verhindern kann. King verliebt sich in Esther, und die beiden werden ein Paar.

Bei den nach dem Zweiten Weltkrieg entstandenen Spielfilmen zeigt sich ein ähnliches Bild. Neben historisch-monumentalen Werken wie z. B. »Das Schwert von Persien« (Italien, USA 1960, Originaltitel »Esther and the King«) oder dem Fernsehfilm »Die Bibel – Esther« (Deutschland, Italien, USA 1999), gibt es Arbeiten, die die Handlung in die Gegenwart übertragen.[239] Die wohl anspruchsvollste ist sicher die des israelischen Regisseurs Amos Gitai.[240] Dagegen folgt die Produktion »One Night With the King« aus dem Jahr 2006 ganz der Tradition der klassischen Bibelfilme. Retrospektiv wird darin auch der Konflikt zwischen Israel

---

239 Vgl. Ehrlich, Esther in Film.
240 Siehe dazu oben, S. 166 f.

und Amalek behandelt. Anspielungen auf die Zeit des Nationalsozialismus oder auf islamistischen Judenhass lassen jedoch eine gewisse Aktualität des Stoffes anklingen.[241] Insgesamt bietet die Erzählung im Buch Ester bei der Handlung und den Figuren genügend Leerstellen, die bei filmischen Inszenierungen gefüllt werden können oder müssen. Dass Waschti und Haman gemeinsame Sache machen, Waschti den König betrügt und Esther gegen ihren Willen an den Königshof kommt und Königin wird, oder sie schon immer davon geträumt hat, sind Beispiele für Motive, die der biblische Text nicht kennt.

---

241 Kritische Anmerkungen zu diesem Film bei Wacker, Estherbuch.

D. VERZEICHNISSE

1. Literatur

Achenbach, Reinhard: »Genocide« in the Book of Esther. Cultural Integration and the Right of Resistance against Pogroms. In: Albertz, R.; Wöhrle, J. (Hg.): Between Cooperation and Hostility. Multiple Identities in Ancient Judaism and the Interaction with Foreign Powers (JAJSup 11), Göttingen 2013, 89–114.

Albertz, Rainer: Die Perser in der Bibel. In: Historisches Museum der Pfalz Speyer (Hg.): Pracht und Prunk der Großkönige. Das Persische Weltreich, Stuttgart 2006, 175–185.

Apple, Raymond: Psalm 22: The Esther Connection, JBQ 47 (2019), 225–230.

Bail, Ulrike u. a. (Hg.): Bibel in gerechter Sprache, Gütersloh 2006.

Bardtke, Hans: Das Buch Esther (KAT), Berlin 1972.

Bellmann, Simon: Politische Theologie im frühen Judentum. Eine Analyse der fünf Versionen des Estherbuches (BZAW 525), Berlin u. a. 2020.

Ben-Chorin, Schalom: Kritik des Esther-Buches. Eine theologische Streitschrift, Jerusalem 1938.

Berlin, Adele: Esther אסתר (The JPS Bible Commentary), Philadelphia 2001.

Bobrowski, Johannes: Die Gedichte, hg. v. Eberhard Haufe. In: Johannes Bobrowski, Gesammelte Werke in sechs Bänden, Bd. 1, Stuttgart 1998.

Börner-Klein, Dagmar: Eine babylonische Auslegung der Ester-Geschichte. Der Midrasch in Megilla 10b–17a (Judentum und Umwelt Bd. 30), Frankfurt a. M. 1991.

Börner-Klein, Dagmar: Der Ester-Midrasch in Megilla 10b–17a. Eine literarische Einheit, Jud. 49 (1993), 220–227.

Börner-Klein, Dagmar (Hg.): Jalkut Schimoni zu Ester, Berlin 2019.

Börner-Klein, Dagmar; Hollender, Elisabeth: Der Traktat Megilla (Rabbinische Kommentare zum Buch Ester Bd. 1), Leiden u. a. 2000.

Börner-Klein, Dagmar; Hollender, Elisabeth: Die Midraschim zu Ester (Rabbinische Kommentare zum Buch Ester Bd. 2), Leiden u. a. 2000.

Brinker, Klaus: Linguistische Textanalyse. Eine Einführung in Grundbegriffe und Methoden (Grundlagen der Germanistik Bd. 29), Berlin ⁶2005.

Brod, Max: Eine Königin Esther. Drama in einem Vorspiel und drei Akten, Berlin 1918.

Brosius, Maria: Frauen am Hof der Achämeniden. In: Historisches Museum der Pfalz Speyer (Hg.): Pracht und Prunk der Großkönige. Das Persische Weltreich, Stuttgart 2006, 89–97.

Brosius, Maria: Zeremonien und Geschenke. Leben am achämenidischen Hof. In: Badisches Landesmuseum Karlsruhe (Hg.): Die Perser. Am Hof der Großkönige, Darmstadt 2021, 78–83.

Clemens von Alexandrien: Teppiche wissenschaftlicher Darlegungen entsprechend der wahren Philosophie (Stromateis). Buch IV–VI, übers. v. O. Stählin (BKV IV), München 1937.

Clementz, Heinrich: Des Flavius Josephus Jüdische Altertümer, Wiesbaden ⁶1985.

Cuny, Julien: Susa – Die andere Hauptstadt. In: Badisches Landesmuseum Karlsruhe (Hg.): Die Perser. Am Hof der Großkönige, Darmstadt 2021, 84–88.

D. Martin Luthers Werke. Kritische Gesamtausgabe, Weimar 1883ff. (Abk. WA)

D. Martin Luthers Werke. Kritische Gesamtausgabe. Briefwechsel, Weimar 1912–1921. (Abk. WA Briefwechsel)

D. Martin Luthers Werke. Kritische Gesamtausgabe. Tischreden, Weimar 1912–1921. (Abk. WA Tischreden)

Damsma, Alinda: The Targums to Esther, EurJud 47 (2014), 127–136.

Daxelmüller, Christoph: Ester und die Ministerkrisen: Wandlungen des Esterstoffes in jüdischdeutschen und jiddischen Purimspielen. In: Link, F. (Hg.): Paradeigmata. Literarische Typologie des Alten Testaments. Erster Teil: Von den Anfängen bis zum 19. Jahrhundert (Schriften zur Literaturwissenschaft 5/1), Berlin 1989, 431–463.

Delsman, Wilhelmus C.: Aramäische Dokumente, TUAT I/3 (2005), 253–263.

De Troyer, Kristin: Ein umgeschriebener Bibeltext. Über die Hilfe Gottes im altgriechischen Estherbuch. In: Dies., Die Septuaginta und die Endgestalt des Alten Testaments. Untersuchungen zur Entstehungsgeschichte alttestamentlicher Texte, Göttingen 2005, 26–48.

De Troyer, Kristin; Wacker, Marie-Theres: Esther. Das Buch Ester (LXX und A-Text). In: Karrer, M.; Kraus, W. (Hg.): Septuaginta Deutsch. Erläuterungen und Kommentare zum griechischen Alten Testament. Bd. I: Genesis bis Makkabäer, Stuttgart 2011, 1255–1296.

Deutsche Bibelgesellschaft u. a. (Hg.): Die Bibel in heutigem Deutsch. Die Gute Nachricht des Alten und Neuen Testaments mit den Spätschriften des Alten Testaments (Deuterokanonische Schriften / Apokryphen), Stuttgart 1990.

Dochhorn, Jan: Der Esther-Kommentar des Hrabanus Maurus, Leqach 4 (2004), 159–170.

Du Mesnil du Buisson, Robert: Les Peintures de la Synagoge de Doura-Europos 245–256 après J.-C., Rom 1939.

Ego, Beate: Targum Scheni zu Ester. Übersetzung, Kommentar und theologische Deutung, Tübingen 1996.

Ego, Beate: Ester (BK.AT XXI), Göttingen 2017.

Ehrlich, Carl S.: Esther in Film. In: Burnette-Bletsch, R. (Hg.), The Bible in Motion. A Handbook of the Bible and Its Reception in Film (Bd. 1), Berlin u. a. 2015, 121–138.

Gal-Ed, Efrat: Das Buch der jüdischen Jahresfeste (insel Taschenbuch 2597), Frankfurt a. M. u. a. 2001.

Gemeinhardt, Peter (Hg.): Athanasius Handbuch, Tübingen 2011.

Grillparzer, Franz: Grillparzers Werke in sechs Bänden, Erster Band: Dramen I, Wien 1924.

Grittern, Astrid: Die Marienbasilika zu Kevelaer (Veröffentlichungen des Historischen Vereins für Geldern und Umgegend 99), Geldern 1999.

Grossfeld, Bernard: The Two Targums of Esther (The Aramaic Bible Bd. 18), Edinburgh 1991.

Hacks, Peter: Das Jahrmarktsfest zu Plundersweilern / Rosie träumt. Zwei Bearbeitungen nach J. W. Goethe und Hrosvith von Gandersheim, München 1981.

Haufe, Eberhard: Johannes Bobrowski. Erläuterungen der Gedichte und der Gedichte aus dem Nachlass. In: Johannes Bobrowski, Gesammelte Werke in sechs Bänden, Bd. 5, Stuttgart 1998.

Hazan, Olga: Les femmes salvatrices dans le cycle imagé de la synagogue de Doura-Europos, SR 49 (2020), 193–215.

Heckl, Raik: Zwischen Nachahmung und Variation. Literarische Gattungen (Textsorten) in der Kommunikation und ihre Berücksichtigung in der Exegese alttestamentlicher Texte. In: Heckl, R.; Wagner, T. (Hg.): Methodik im Diskurs 2. Der Zusammenhang von Gattungs- und Traditionskritik (BThSt 180), Göttingen 2019, 1–25.

Henkys, Jürgen: Nachlese zu »Eszther«. Über Annäherungen an ein Gedicht von Johannes Bobrowski, BThZ 11 (1994), 101–106.

Hochwälder, Fritz: Esther. Ein altes Märchen neu in dramatische Form gebracht. In: Ders., Dramen I, Zürich 1975, 7–82.

Hutzli, Jürg: »Ištar« und »Marduk« als jüdische Protagonisten, Purim als neues Fest der Befreiung: Zur Theologie und zum historischen Ort des Esterbuches, VT 72 (2022), 191–213.

Kaiser, Nora Luisa: Esters Handlungsmacht in männerdominierten Strukturen. Jüdischer Feminismus zwischen patriarchaler Tradition und neuer Lesart biblischer Texte, Judaica: Neue digitale Folge 1 (2020), 1–21.

Kalimi, Isaac: Furcht vor Vernichtung und der ewige Bund. Das Buch Ester im Judentum und in jüdischer Theologie, ZRGG 62 (2010), 339–355.

Kalimi, Isaac: Martin Luther, die Juden und Esther. Bibelinterpretation im Schatten der Judenfeindschaft, ZRGG 71 (2019), 357–394.

Kapp, Volker: Racines Esther und die Diskussion über die Bedeutung der biblischen Themen im klassischen französischen Drama. In: Link, F. (Hg.): Paradeigmata. Literarische Typologie des Alten Testaments. Erster Teil: Von den Anfängen bis zum 19. Jahrhundert (Schriften zur Literaturwissenschaft 5/1), Berlin 1989, 227–238.

Kessler, Rainer: Die Juden als Kindes- und Frauenmörder? Zu Est 8,11. In: Blum, E.; Macholz, Ch.; Stegemann, E. W. (Hg.): Die Hebräische Bibel und ihre zweifache Nachgeschichte (FS Rolf Rendtorff), Neukirchen-Vluyn 1990, 337–345.

Kinkel, Tanja: Naemi, Ester, Raquel und Ja'ala. Väter, Töchter, Machtmenschen und Judentum bei Lion Feuchtwanger, Bonn 1998.

Knauss, Florian: Pasargadae, Susa, Persepolis. Die Paläste der Achämeniden. In: Historisches Museum der Pfalz Speyer (Hg.): Pracht und Prunk der Großkönige. Das Persische Weltreich, Stuttgart 2006, 101–111.

Kolmar, Gertrud: Weibliches Bildnis. Gedichte, München 1987.

Konferenz Landeskirchlicher Arbeitskreise Christen und Juden

(KLAK) (Hg.): Die ganze Bibel zu Wort kommen lassen. Ein neues Perikopenmodell (Begegnungen. Zeitschrift für Kirche und Judentum, Sonderheft), Hannover 2009.

Kraus, Wolfgang; Karrer, Martin (Hg.): Septuaginta Deutsch. Das griechische Alte Testament in deutscher Übersetzung, Stuttgart 2009.

Landgraf, Annette: Esther – von der Bibel über Brereton zu Händel, Händel-Jahrbuch 52 (2006), 129–138.

Langenhorst, Horst Georg: »Überall blickt Gott auf Esther«. Literarische Deutungen der biblischen Figur in unserer Zeit, KuI 9 (1994), 150–167.

Langenhorst, Horst Georg: »Das war aber nicht Liebe«. Esther im Spiegel moderner Literatur, EuA 71 (1995), 396–412.

Lasker-Schüler, Else: Sämtliche Gedichte, hg. v. Karl Jürgen Skrodzki, Frankfurt a. M. 2004.

Linke, Julia: Achämenidische Siegel. Instrumente der Verwaltung im Großreich. In: Badisches Landesmuseum Karlsruhe (Hg.): Die Perser. Am Hof der Großkönige, Darmstadt 2021, 128 f.

Macchi, Jean-Daniel: Ester (IEKAT), Stuttgart 2021.

Meinhold, Arndt: Das Buch Esther (Zürcher Bibelkommentare AT 13), Zürich 1983.

Melito of Sardis: On Pascha and Fragments, hg. v. Stuart George Hall (Oxford Early Christian Texts), Oxford 1979.

Metzler, Dieter: Die Perser in der Literatur der Griechen. In: Historisches Museum der Pfalz Speyer (Hg.): Pracht und Prunk der Großkönige. Das Persische Weltreich, Stuttgart 2006, 163–171.

Meyer, Marion: Anthropomorphe Bilder von Städten in der altgriechischen Kultur. In: Fischer, I.; Schmid, K.; Williamson, H. G. M. (Hg.): Prophetie in Israel. Beiträge des Symposiums »Das Alte Testament und die Kultur der Moderne« anlässlich des 100. Geburtstags Gerhard von Rads (1901–1971) Heidelberg, 18.–21. Oktober 2001, Münster u. a. 2003, 169–178.

Mosis, Rudolf: Die Bücher des »Alten Bundes« bei Melito von Sardes. In: Moenikes, A. (Hg.): Schätze der Schrift. Festgabe für Hans F. Fuhs zur Vollendung seines 65. Lebensjahres (PaThSt 47), Paderborn u. a. 2007, 131–176.

Motté, Magda: »Esthers Tränen, Judiths Tapferkeit«. Biblische Frauen in der Literatur des 20. Jahrhunderts, Darmstadt 2003.

Niditch, Susan: Die Interpretation von Ester. Kategorien, Kontexte und kreative Vieldeutigkeit. In: Maier, Chr. M.; Calduch-

Benages, N. (Hg.): Schriften und spätere Weisheitsbücher (Die Bibel und die Frauen. Eine exegetisch-kulturgeschichtliche Enzyklopädie, Altes Testament Band 1.3), Stuttgart 2013, 239–257.

Nowak, Silke: Zum Verhältnis von avancierter Poetik und religiöser Dichtung. Am Beispiel von Gertrud Kolmars *Welten* und *Vier religiöse Gedichte*, KZG 20 (2007), 316–335.

Plietzsch, Susanne: »… denn auch sie waren Teil jenes Wunders«. Die rabbinische Diskussion über den öffentlichen Vortrag der Esterrolle durch Frauen, KuI 18 (2003), 121–133.

Raeck, Wulf: Das Perserbild in der griechischen Kunst. In: Historisches Museum der Pfalz Speyer (Hg.): Pracht und Prunk der Großkönige. Das Persische Weltreich, Stuttgart 2006, 151–159.

Rilke, Rainer Maria: Sämtliche Werke in zwölf Bänden, Band 2: Gedichte. Erster Teil. Zweite Hälfte, Frankfurt a. M. 1975.

Rohrmoser, Angela: Götter, Tempel und Kult der Judäo-Aramäer von Elephantine. Archäologische und schriftliche Zeugnisse aus dem perserzeitlichen Ägypten (AOAT 396), Münster 2014.

Schmidt, Werner H.: Einführung in das Alte Testament, Berlin u. a. ^{5}1995.

Schneider, Gerhard: Clemens von Rom. Brief an die Korinther (FC 15), Freiburg i. Br. u. a. 1994.

Seim, Jürgen: Das »Eszther«-Gedicht von Johannes Bobrowski, BThZ 11 (1994), 91–100.

Siebert-Hommes, Jopie: »On the third day Esther put on her queen's robes« (Esther 5:1). The Symbolic Function of Clothing in the Book of Esther, Lectio Difficilior 1/2002.

Siegert, Folker: Einleitung in die hellenistisch-jüdische Literatur. Apokrypha, Pseudepigrapha und Fragmente verlorener Autorenwerke, Berlin u. a. 2016.

Siquans, Agnethe: Esther in der Interpretation der Kirchenväter: Königin, Vorbild der Tapferkeit oder Typus der Kirche?, ZAC 12 (2009), 414–432.

Spilsbury, Paul; Seeman, Chris: Judean Antiquities 11. In: Manson, S. (Hg.): Flavius Josephus. Translation and Commentary Bd. 6a, Leiden 2017.

Stemberger, Günter: Die Megillot als Festlesungen der jüdischen Liturgie. In: Ebner, M.; Fischer, I. u. a. (Hg.): Das Fest. Jenseits des Alltags (JBTh 18), Neukirchen-Vluyn 2003, 261–276.

Stemberger, Günter: Einleitung in Talmud und Midrasch, München ⁹2011.

Tkacz, Catherine Brown: Esther, Jesus, and Psalm 22, CBQ 70 (2008), 709–728.

Wacker, Marie-Theres: Tödliche Gewalt des Judenhasses – mit tödlicher Gewalt gegen Judenhass? Hermeneutische Überlegungen zu Est 9. In: Hossfeld, F.-L.; Zenger, E. (Hg.): Das Manna fällt auch heute noch: Beiträge zur Geschichte und Theologie des Alten, Ersten Testaments (FS Erich Zenger, HBS 44), Freiburg i. Br. 2004, 609–637.

Wacker, Marie-Theres: Widerstand – Rache – verkehrte Welt. Oder: Vom Umgang mit Gewalt im Esterbuch. In: Butting, K.; Minnaard, G.; Wacker, M.-T. (Hg.): Die Bibel erzählt ... Ester, Knesebeck 2005, 35–44.

Wacker, Marie-Theres: Das Ester-Buch der Septuaginta. In: Butting, K.; Minnaard, G.; Wacker, M.-T. (Hg.): Die Bibel erzählt ... Ester, Knesebeck 2005, 73–77.

Wacker, Marie-Theres: Ester im Bild. In: Butting, K.; Minnaard, G.; Wacker, M.-T. (Hg.): Die Bibel erzählt ... Ester, Knesebeck 2005, 78–87.

Wacker, Marie-Theres: Ester. Jüdin – Königin – Retterin, Stuttgart 2006.

Wacker, Marie-Theres: Das biblische Estherbuch zwischen Palästina und Israel. Zum Film Esther von Amos Gitai (1985) und seiner Kontextualisierung. In: Zwick, R. (Hg.): Religion und Gewalt im Bibelfilm (FilTh 20), Marburg 2012, 39–59.

Wahl, Harald Martin: Esther-Forschung, ThR 66 (2001), 103–130.

Wahl, Harald Martin: Das Buch Esther. Übersetzung und Kommentar, Berlin 2009.

Walfish, Barry Dov: Images of Esther in Modern Jewish Art. In: Leneman, H.; Walfish, B. D. (Hg.): The Bible Retold by Jewish Artists, Writers, Composers, and Filmmakers, Sheffield 2015, 186–211.

Weber, Ingrid: Art. Esther (LCI I), Freiburg i. Br. 1968, 684–687.

Wellmann, Bettina: Ester und Psalm 22. In: Butting, K.; Minnaard, G.; Wacker, M.-T. (Hg.): Die Bibel erzählt ... Ester, Knesebeck 2005, 65–68.

Wiesehöfer, Josef: Von Kyros dem Großen bis zu Alexander dem Großen. Eine kurze Geschichte des Achämenidenreiches. In: Historisches Museum der Pfalz Speyer (Hg.): Pracht und

Prunk der Großkönige. Das Persische Weltreich, Stuttgart 2006, 21–27.

Wiesehöfer, Josef: Aufstieg und Fall. Die Achämeniden und ihr Weltreich. In: Badisches Landesmuseum Karlsruhe (Hg.): Die Perser. Am Hof der Großkönige, Darmstadt 2021, 10–19.

Xeravits, Géza G.: Goddesses in the Synagoge?, JSJ 48 (2017), 266–276.

Zenger, Erich u. a.: Einleitung in das Alte Testament (Kohlhammer Studienbücher 1,1), Stuttgart u. a. ^{4}2001.

Zwick, Reinhold: Mit »Esther« für Versöhnung streiten. Zu Amos Gitais filmischer Aktualisierung der biblischen Erzählung, BibInt 14 (2006), 54–75.

Die Schreibweise der biblischen Eigennamen entspricht den »Loccumer Richtlinien«. Vgl. Ökumenisches Verzeichnis der biblischen Eigennamen nach den Loccumer Richtlinien, hg. von den katholischen Bischöfen Deutschlands, dem Rat der Evangelischen Kirche in Deutschland und der Deutschen Bibelgesellschaft – Evangelisches Bibelwerk, Stuttgart ^{2}1981.

Die Abkürzungen der Zeitschriften und Reihen entsprechen Siegfried M. Schwertner: Internationales Abkürzungsverzeichnis für Theologie und Grenzgebiete. Zeitschriften, Serien, Lexika, Quellenwerke mit bibliographischen Angaben (IATG), Berlin u. a. ^{3}2014.

2. Abbildungen

Abb. 1: Purim-Feier, Zeichnung aus dem 19. Jh.:
Autor/-in unbekannt, Public domain, via Wikimedia Commons.

Abb. 2: Das persische Weltreich zum Zeitpunkt seiner größten Ausdehnung:
Ausschnitt aus: Mossmaps, CC BY-SA 4.0, via Wikimedia Commons.

Abb. 3: Schematische Karte der Stadt Susa in persischer Zeit:
Kartengrundlage: Udimu, CC BY 3.0, via Wikimedia Commons.

Abb. 4: Axonometrische Darstellung der archäologisch gesicherten Überreste des Palastes von Dareios I. in Susa:

http://www.achemenet.com/en/visit/?/susa/palace-of-darius/1 (30.4.2024)

Abb. 5: Wandfries im Palast von Dareios I. in Susa:
Carole Raddato from Frankfurt, Germany, CC BY-SA 2.0 via Wikimedia Commons.

Abb. 6: Säulenkapitell im Palast von Dareios I. in Susa:
Hugo Rota, CC BY-SA 4.0, via Wikimedia Commons.

Abb. 7: Persisches Trinkgefäß:
Metropolitan Museum of Art, CC0, via Wikimedia Commons.

Abb. 8: Würfel und Astragale aus hellenistischer Zeit:
Astragale: Hanay, CC BY-SA 3.0, via Wikimedia Commons.
Würfel: Romainbehar, CC0, via Wikimedia Commons.

Abb. 9: Persisches Stempelsiegel:
Zunkir, CC BY-SA 4.0 via Wikimedia Commons.

Abb. 10: Persische Audienzszene:
Arashk rp2, CC BY-SA 4.0, via Wikimedia Commons.

Abb. 11: Synagoge von Dura Europos, Wandbild zum Buch Ester:
Gill/Gillerman slide collection via Wikimedia Commons.

Abb. 12: Dura Europos, Wandbild im Tempel des Bel:
Gute, CC0, via Wikimedia Commons.

Abb. 13: Biblia Pauperum:
Bayerische Staatsbibliothek: Armenbibel in 41 Darstellungen (19v), CC BY-NC-SA 4.0 Deed.

Abb. 14: Ester vor Ahasveros, Marienbasilika Kevelaer:
Dr. Rainer Kilich, Kevelaer.

Abb. 15: Rembrandt: Ahasveros und Haman beim Gastmahl von Ester:
Rembrandt, Public domain, via Wikimedia Commons.

Abb. 16: Arthur Szyk: Szyk und Haman:
Arthur Szyk, CC BY-SA 4.0, via Wikimedia Commons.

Abb. 17: Prachtrolle Ester (Übersicht):
Gottfried Wilhelm Leibniz Bibliothek – Niedersächsische Landesbibliothek Hannover, Ms I, 4a.

Abb. 18: Prachtrolle Ester (Detail):
Gottfried Wilhelm Leibniz Bibliothek – Niedersächsische Landesbibliothek Hannover, Ms I, 4a.

Abb. 19: Illustration in einer Ester-Rolle von Otto (Nathan) Geismar:
Gross Family Collection, Foto: Ardon Bar Hama. The Center for Jewish Art: https://cja.huji.ac.il/gross/browser.php?mode=set&id=35191 (30.4.2024)